초등 영어를 결정하는 문장 읽기 with 파닉스

저자

주선이

영어교육과 스토리텔링을 전공하고, (주)대교와 (주)엔엑스씨(NXC), (주)캐치잇플레이 등에서 근무했다. 학습자들이 쉽고 재미있게 영어를 배울 수 있도록 다수의 영어 교재를 집필하고 온라인 영어 프로그램 개발 및 애니메이션 개발에도 참여했다. 모바일 학습앱 '캐치잇 잉글리시'와 유아용 교실영어 '플라잉'을 개발했다.

대표 저서

〈초등 영어를 결정하는 알파벳과 소리〉, 〈초등 영어를 결정하는 파닉스〉,

〈초등 영어를 결정하는 영문법〉, 〈초등 영어를 결정하는 파닉스와 문장〉,

〈가장 쉬운 초등 영어회화 따라쓰기 40일 완성〉, 〈기적의 영어문장 만들기〉,

〈기적의 동사 변화 트레이닝〉, 〈기적의 영어문장 트레이닝〉 등

초등 영어를 결정하는 문장 읽기 with 파닉스

저자 주선이
초판 1쇄 인쇄 2022년 7월 20일 **초판 1쇄 발행** 2022년 7월 27일

발행인 박효상 **편집장** 김현 **기획 · 편집** 장경희 **디자인** 임정현
표지, 내지 디자인 이은희 **조판** 조영라 **삽화** 예뜨
마케팅 이태호, 이전희 **관리** 김태옥 **종이** 월드페이퍼 **인쇄 · 제본** 예림인쇄 · 바인딩
녹음 YR미디어

출판등록 제10-1835호 **발행처** 사람in
주소 04034 서울시 마포구 양화로 11길 14-10 (서교동) 3F
전화 02) 338-3555(代) **팩스** 02) 338-3545 **E-mail** saramin@netsgo.com
Website www.saramin.com
책값은 뒤표지에 있습니다. 파본은 바꾸어 드립니다.

ISBN
978-89-6049-959-1 64740
978-89-6049-808-2 (set)

우아한 지적만보, 기민한 실사구시 사람in

어린이제품안전특별법에 의한 제품표시	
KC **제조자명** 사람in **제조국명** 대한민국 **사용연령** 5세 이상 어린이 제품	**전화번호** 02-338-3555 **주 소** 서울시 마포구 양화로 11길 14-10 3층

초등 영어를 결정하는 문장 읽기 with 파닉스

It's time to be fluent readers.

사람in
saramin.com

머리말

from Phonics to Reading

파닉스 학습의 궁극적인 목표는 무엇일까요? 원서를 거침없이 읽고 이해하게 되는 **유창한 읽기(Fluent Reading)**일 것입니다. 〈초등 영어를 결정하는 파닉스와 문장〉에서는 파닉스의 유창성을 키우기 위한 훈련의 필요성을 소개했어요. 단어 읽기가 익숙해졌다면 이제 본격적인 문장 읽기로 넘어가야 해요. 이를 위해 무엇이 필요할까요?

구(phrases)를 이해하고 여러 문장(sentences)을
읽어내는(reading) 점진적인 연습이 필요합니다!

Reading Storybooks

그러나, 막상 원서나 스토리북 읽기를 시작해 보면……

cat은 아는데 **cats**는 생소하고요.
like는 배웠는데… **likes**와 **liked**는 처음 보는 단어죠!
sing은 읽을 수 있는데 **singing**이 나오면 당황하게 돼요.

이런 단어들은 문법 규칙을 배우게 되면 알게 되지만, 파닉스 이후 원서 읽기를 막 시작한 아이들에게는 아직 낯설고 어려워요.

문법을 학습하지 않은 단계에서 **문장 읽기의 유창성**을 높이기 위해 **스펠링 규칙과 문법적인 역할을 하는 기능어**를 알면 훨씬 효과적입니다. 문장 이해가 더 높아지기 때문이죠.

이를 위해 본서는 아래와 같은 2가지 큰 흐름으로 구성되었습니다.

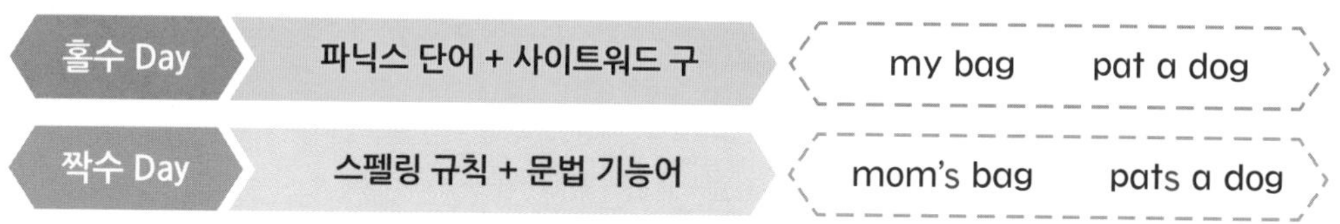

본서는 아래와 같은 순서로 **우리 아이들을 'Fluent Readers'로 키우는 것을 목표**로 합니다.

문장 구조가 같은 여러 문장 읽기를 단계적으로 훈련하면서 동시에 응용 문장으로 구성된 짧은 이야기 읽기까지 함께할 수 있습니다.

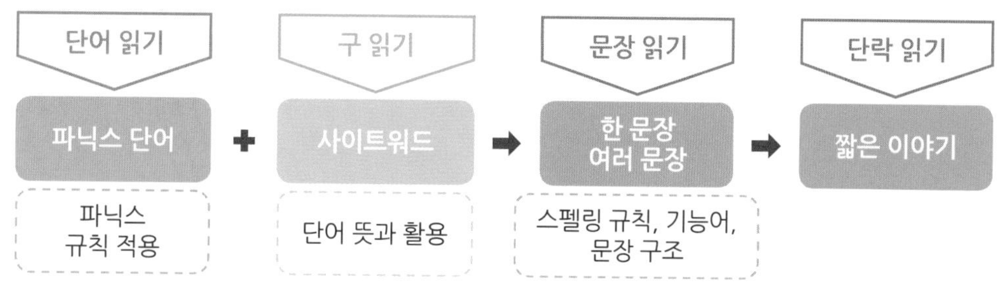

이 책을 통해 영어 문장과 이야기를 읽는 속도가 빨라지고 쉽게 읽을 수 있는 즐거운 경험을 누리게 되길 소망합니다.

주선이

이 책의 구성 및 특징

본격적인 **'유창한 읽기(Fluent Reading)'**를 위한 하루 단위, 단계별 재미있는 연습 과정!!

파닉스 단어와 사이트워드를 기반으로 단어 변화 규칙뿐 아니라 구(phrases)를 이해하고, 여러 문장(sentences)까지 읽어낼 수 있는(reading) 점진적인 연습을 해보세요.

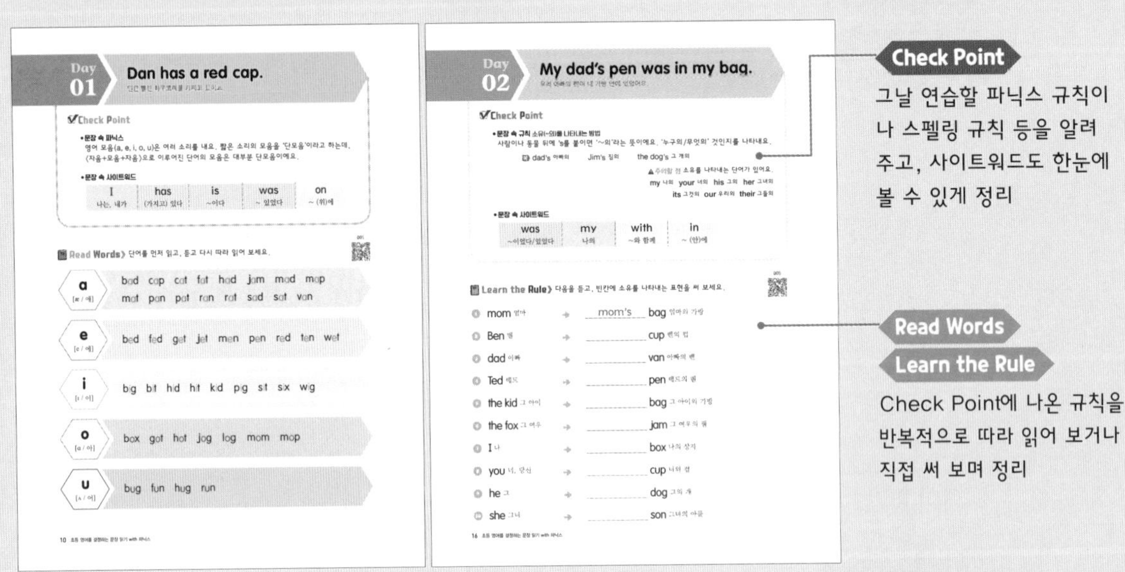

Check Point

그날 연습할 파닉스 규칙이 나 스펠링 규칙 등을 알려 주고, 사이트워드도 한눈에 볼 수 있게 정리

Read Words

Learn the Rule

Check Point에 나온 규칙을 반복적으로 따라 읽어 보거나 직접 써 보며 정리

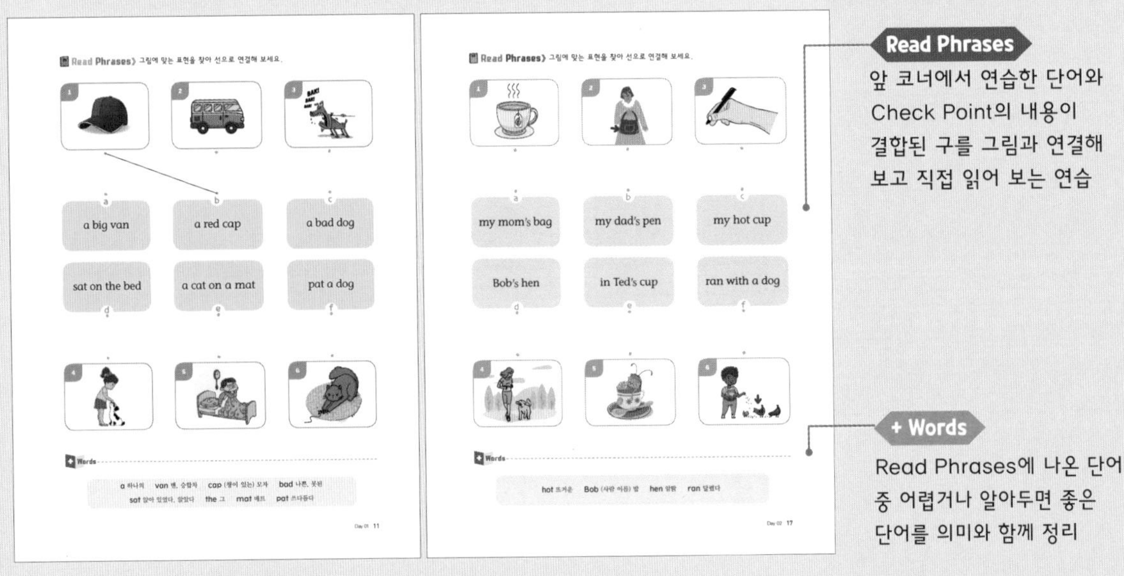

Read Phrases

앞 코너에서 연습한 단어와 Check Point의 내용이 결합된 구를 그림과 연결해 보고 직접 읽어 보는 연습

+ Words

Read Phrases에 나온 단어 중 어렵거나 알아두면 좋은 단어를 의미와 함께 정리

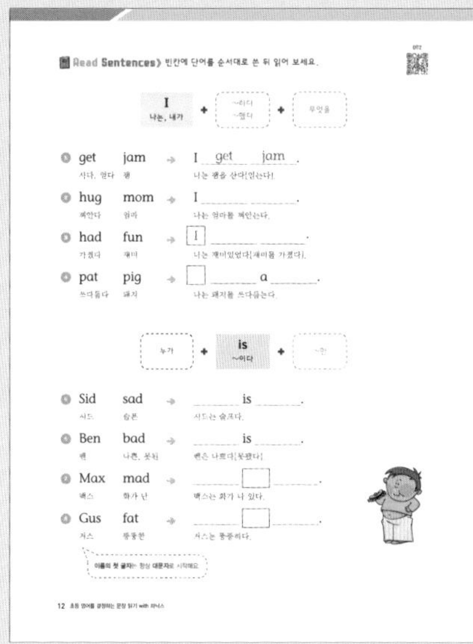

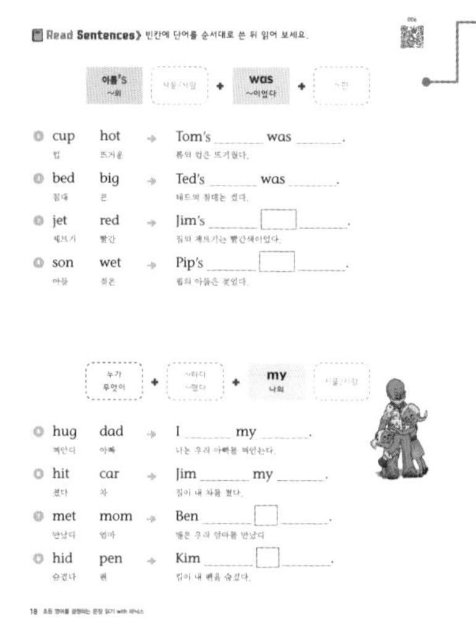

Read Sentences

Check Point에 나온 것들을 적용한 문장 패턴을 보여주고, 이를 바탕으로 여러 문장을 직접 완성해 보는 코너

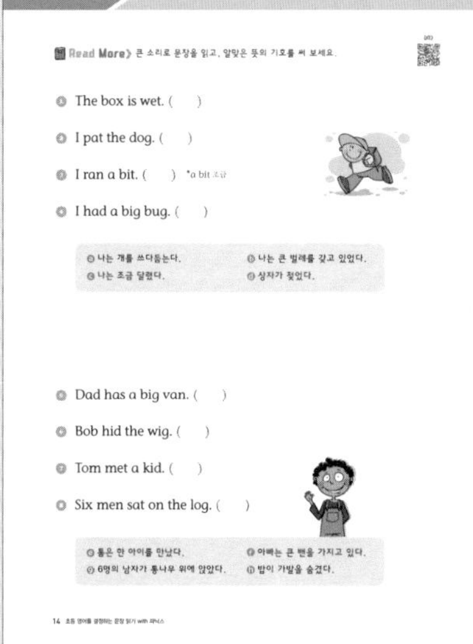

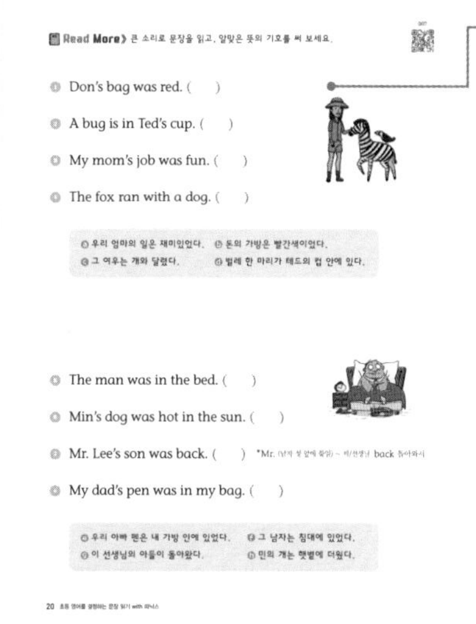

Read More

Read Sentences에서 연습한 패턴이 적용된 문장들을 더 읽고, 그 의미까지 파악하는 코너

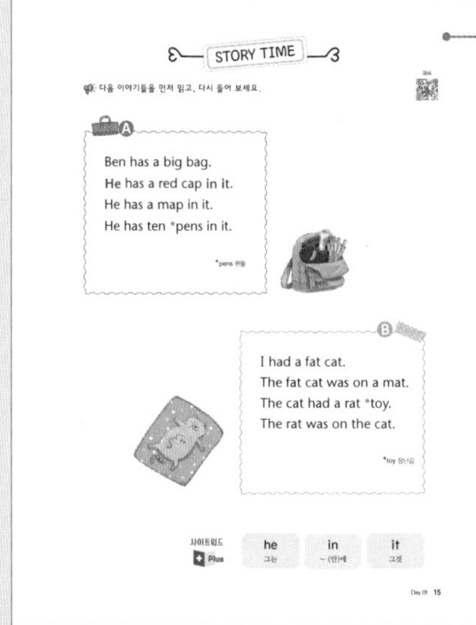

Story Time

앞에서 배운 내용들이 들어가 있는 짧고 재미있는 글을 읽어 보며 스토리북 읽기 준비

정답

문제의 답과 Story Time 해석 보기

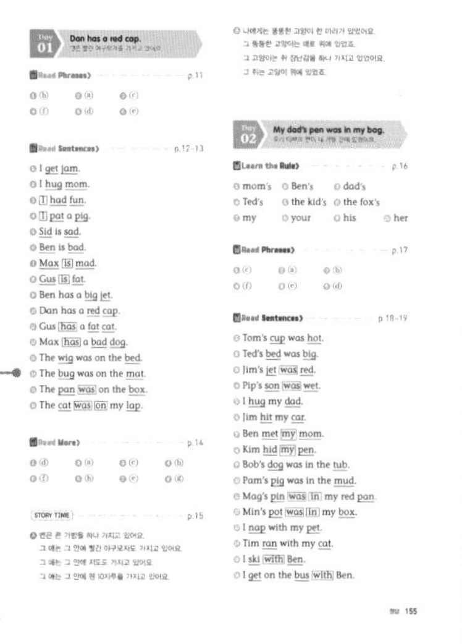

목차

Day 01

Dan has a red cap.

댄은 빨간 야구모자를 가지고 있어요.

✔Check Point

• 문장 속 파닉스

영어 모음(a, e, i, o, u)은 여러 소리를 내요. 짧은 소리의 모음을 '단모음'이라고 하는데, 〈자음+모음+자음〉으로 이루어진 단어의 모음은 대부분 단모음이에요.

• 문장 속 사이트워드

I	has	is	was	on
나는, 내가	(가지고) 있다	~이다	~ 있었다	~ (위)에

001

Read Words》 단어를 먼저 읽고, 듣고 다시 따라 읽어 보세요.

a [æ / 애]

bad cap cat fat had jam mad map
mat pan pat ran rat sad sat van

e [e / 에]

bed fed get jet men pen red ten wet

i [ɪ / 이]

big bit hid hit kid pig sit six wig

o [ɑ / 아]

box got hot jog log mom mop

u [ʌ / 어]

bug fun hug run

Read Phrases》 그림에 맞는 표현을 찾아 선으로 연결해 보세요.

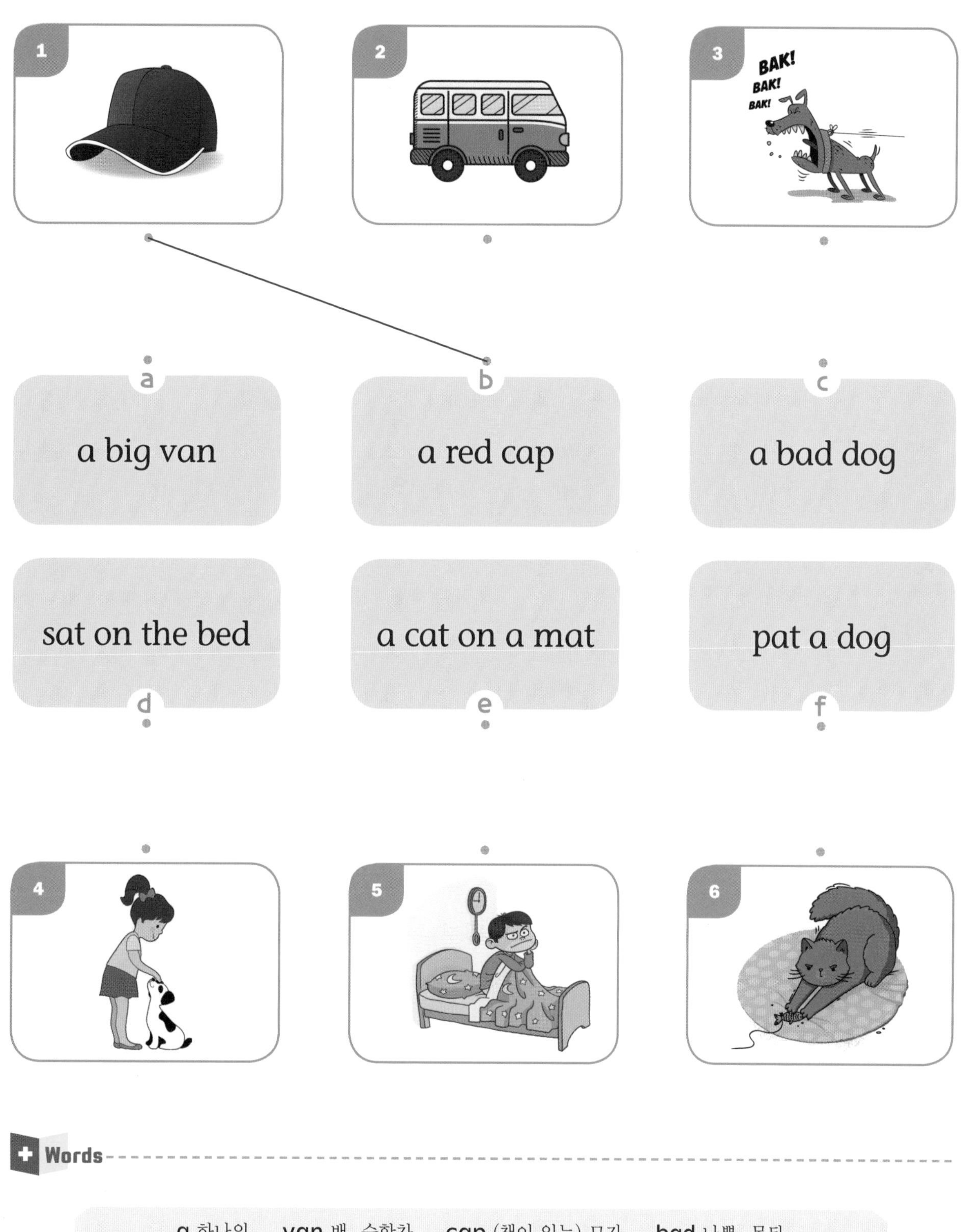

Words

a 하나의 van 밴, 승합차 cap (챙이 있는) 모자 bad 나쁜, 못된
sat 앉아 있었다, 앉았다 the 그 mat 매트 pat 쓰다듬다

002

Read Sentences》 빈칸에 단어를 순서대로 쓴 뒤 읽어 보세요.

1. get jam → I get jam.
   사다, 얻다 잼 — 나는 잼을 산다[얻는다].
2. hug mom → I ______ ______.
   껴안다 엄마 — 나는 엄마를 껴안는다.
3. had fun → I ______ ______.
   가졌다 재미 — 나는 재미있었다[재미를 가졌다].
4. pat pig → ☐ ______ a ______.
   쓰다듬다 돼지 — 나는 돼지를 쓰다듬는다.

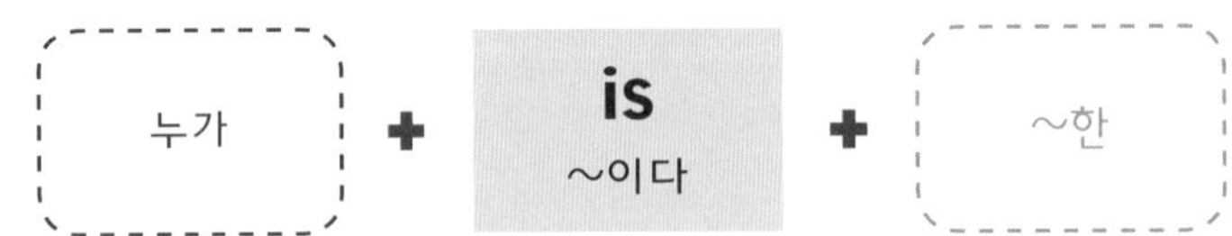

5. Sid sad → ______ is ______.
   시드 슬픈 — 시드는 슬프다.
6. Ben bad → ______ is ______.
   벤 나쁜, 못된 — 벤은 나쁘다[못됐다].
7. Max mad → ______ ☐ ______.
   맥스 화가 난 — 맥스는 화가 나 있다.
8. Gus fat → ______ ☐ ______.
   거스 뚱뚱한 — 거스는 뚱뚱하다.

이름의 첫 글자는 항상 **대문자**로 시작해요.

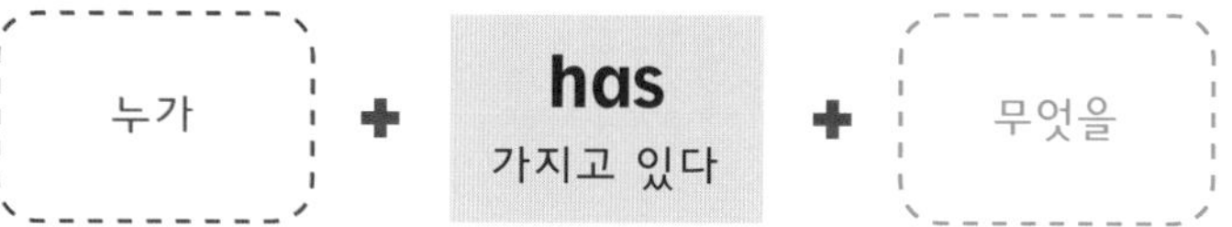

9 big 큰 / jet 제트기 → Ben has a ________ ________.
벤은 큰 제트기가 있다[큰 제트기 하나를 가지고 있다].

10 red 빨간 / cap 야구모자 → Dan has a ________ ________.
댄은 빨간 야구모자를 가지고 있다.

11 fat 뚱뚱한 / cat 고양이 → Gus [ ] a ________ ________.
거스는 살찐 고양이가 있다[고양이 한 마리를 가지고 있다].

12 bad 나쁜, 못된 / dog 개 → Max [ ] a ________ ________.
맥스는 나쁜[못된] 개를 키운다[개 한 마리를 가지고 있다].

13 wig 가발 / bed 침대 → The ________ was on the ________.
가발은 침대 위에 있었다.

14 bug 벌레 / mat 매트 → The ________ was on the ________.
벌레가 매트 위에 있었다.

15 pan 냄비 / box 상자 → The ________ [ ] on the ________.
냄비는 상자 위에 있었다.

16 cat 고양이 / lap 무릎 → The ________ [ ] [ ] my ________.
고양이는 내 무릎 위에 있었다.

문장의 첫 글자는 **대문자**로 시작해요.

003

Read More》 큰 소리로 문장을 읽고, 알맞은 뜻의 기호를 써 보세요.

1. The box is wet. (   )
2. I pat the dog. (   )
3. I ran a bit. (   ) *a bit 조금
4. I had a big bug. (   )

ⓐ 나는 개를 쓰다듬는다.　ⓑ 나는 큰 벌레를 갖고 있었다.
ⓒ 나는 조금 달렸다.　ⓓ 상자가 젖었다.

5. Dad has a big van. (   )
6. Bob hid the wig. (   )
7. Tom met a kid. (   )
8. Six men sat on the log. (   )

ⓔ 톰은 한 아이를 만났다.　ⓕ 아빠는 큰 밴을 가지고 있다.
ⓖ 6명의 남자가 통나무 위에 앉았다.　ⓗ 밥이 가발을 숨겼다.

004

다음 이야기들을 먼저 읽고, 다시 들어 보세요.

Ben has a big bag.
He has a red cap **in it**.
He has a map in it.
He has ten *pens in it.

*pens 펜들

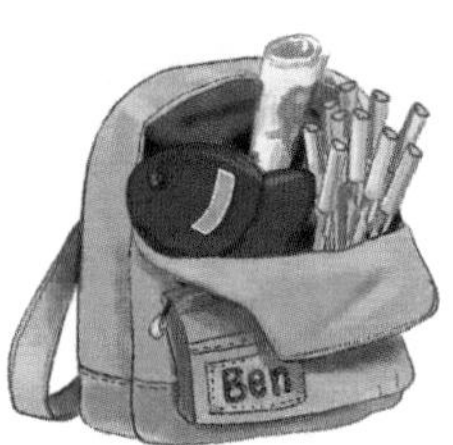

B

I had a fat cat.
The fat cat was on a mat.
The cat had a rat *toy.
The rat was on the cat.

*toy 장난감

사이트워드

he	in	it
그는	~ (안)에	그것

Day 02

My dad's pen was in my bag.

우리 아빠의 펜이 내 가방 안에 있었어요.

Check Point

• **문장 속 규칙** 소유(~의)를 나타내는 방법
사람이나 동물 뒤에 's를 붙이면 '~의'라는 뜻이에요. '누구의/무엇의' 것인지를 나타내요.

예 dad's 아빠의 Jim's 짐의 the dog's 그 개의

▲주의할 점 소유를 나타내는 단어가 있어요.
my 나의 your 너의 his 그의 her 그녀의
its 그것의 our 우리의 their 그들의

• **문장 속 사이트워드**

was	my	with	in
~이었다/있었다	나의	~와 함께	~ (안)에

Learn the Rule》 다음을 듣고, 빈칸에 소유를 나타내는 표현을 써 보세요.

005

1. mom 엄마 → mom's bag 엄마의 가방
2. Ben 벤 → ________ cup 벤의 컵
3. dad 아빠 → ________ van 아빠의 밴
4. Ted 테드 → ________ pen 테드의 펜
5. the kid 그 아이 → ________ bag 그 아이의 가방
6. the fox 그 여우 → ________ jam 그 여우의 잼
7. I 나 → ________ box 나의 상자
8. you 너, 당신 → ________ cup 너의 컵
9. he 그 → ________ dog 그의 개
10. she 그녀 → ________ son 그녀의 아들

Read Phrases》 그림에 맞는 표현을 찾아 선으로 연결해 보세요.

1

2

3

a my mom's bag

b my dad's pen

c my hot cup

d Bob's hen

e in Ted's cup

f ran with a dog

4

5

6

Words

hot 뜨거운　Bob (사람 이름) 밥　hen 암탉　ran 달렸다

006

Read Sentences》 빈칸에 단어를 순서대로 쓴 뒤 읽어 보세요.

1. cup hot → Tom's _______ was _______.
   컵 뜨거운 → 톰의 컵은 뜨거웠다.
2. bed big → Ted's _______ was _______.
   침대 큰 → 테드의 침대는 컸다.
3. jet red → Jim's _______ ☐ _______.
   제트기 빨간 → 짐의 제트기는 빨간색이었다.
4. son wet → Pip's _______ ☐ _______.
   아들 젖은 → 핍의 아들은 젖었다.

누가 무엇이 + ~하다 ~했다 + my 나의 + 사물/사람

5. hug dad → I _______ my _______.
   껴안다 아빠 → 나는 우리 아빠를 껴안는다.
6. hit car → Jim _______ my _______.
   쳤다 차 → 짐이 내 차를 쳤다.
7. met mom → Ben _______ ☐ _______.
   만났다 엄마 → 벤은 우리 엄마를 만났다.
8. hid pen → Kim _______ ☐ _______.
   숨겼다 펜 → 킴이 내 펜을 숨겼다.

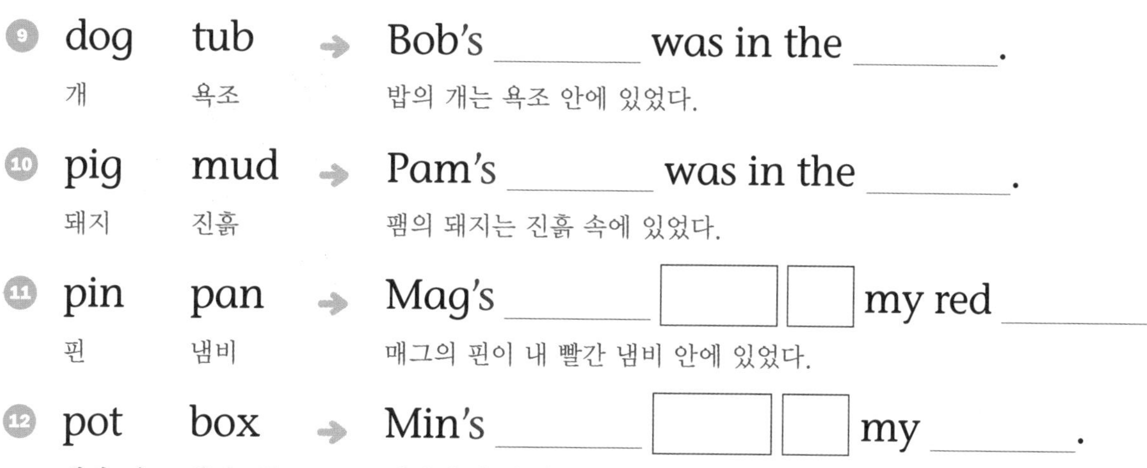

9 dog 개 / tub 욕조 → Bob's ________ was in the ________.
밥의 개는 욕조 안에 있었다.

10 pig 돼지 / mud 진흙 → Pam's ________ was in the ________.
팸의 돼지는 진흙 속에 있었다.

11 pin 핀 / pan 냄비 → Mag's ________ [ ] [ ] my red ________.
매그의 핀이 내 빨간 냄비 안에 있었다.

12 pot 냄비, 솥 / box 상자, 통 → Min's ________ [ ] [ ] my ________.
민의 솥이 내 상자 안에 있었다.

13 nap 낮잠을 자다 / pet 반려동물 → I ________ with my ________.
나는 내 반려동물과 낮잠을 잔다.

14 ran 달렸다 / cat 고양이 → Tim ________ with my ________.
팀은 내 고양이와 달렸다.

15 ski 스키를 타다 / Ben 벤 → I ________ [ ] ________.
나는 벤과 스키를 탄다.

16 get 타다 / bus 버스 → I ________ on the ________ [ ] Ben.
나는 벤과 버스에 탄다.

*get on the bus 버스에 타다

Read More》 큰 소리로 문장을 읽고, 알맞은 뜻의 기호를 써 보세요.

1. Don's bag was red. (　　)
2. A bug is in Ted's cup. (　　)
3. My mom's job was fun. (　　)
4. The fox ran with a dog. (　　)

ⓐ 우리 엄마의 일은 재미있었다.　ⓑ 돈의 가방은 빨간색이었다.
ⓒ 그 여우는 개와 달렸다.　ⓓ 벌레 한 마리가 테드의 컵 안에 있다.

5. The man was in the bed. (　　)
6. Min's dog was hot in the sun. (　　)
7. Mr. Lee's son was back. (　　)　*Mr. (남자 성 앞에 붙임) ~ 씨/선생님 back 돌아와서
8. My dad's pen was in my bag. (　　)

ⓔ 우리 아빠 펜은 내 가방 안에 있었다.　ⓕ 그 남자는 침대에 있었다.
ⓖ 이 선생님의 아들이 돌아왔다.　ⓗ 민의 개는 햇볕에 더웠다.

STORY TIME

다음 이야기들을 먼저 읽고, 다시 들어 보세요.

A

This was Tim's box.
A cat was in it.
A hat was in it.
Tim's cat was in the hat.

B

I **have** a big dog.
He is Max.
I run with my dog.
We *have fun in the sun.

*have fun 즐겁게 보내다

사이트워드

this	have	we
이것은	(가지고) 있다	우리는

Day 03

There is a duck on the deck.

갑판 위에 오리 한 마리가 있어요.

☑Check Point

- **문장 속 파닉스**
  -ck 두 글자를 하나의 소리 [k/ㅋ]로 발음해요.

- **문장 속 사이트워드**

his	will	don't	there is
그의	~할 것이다	~하지 않다	~이/가 있다

009

Read Words》 단어를 먼저 읽고, 듣고 다시 따라 읽어 보세요.

ack back Jack lack pack rack sack crack black quack

eck deck neck peck

ick kick lick pick sick tick stick quick

ock dock lock rock sock clock knock

uck duck luck suck truck stuck

Read Phrases》 그림에 맞는 표현을 찾아 선으로 연결해 보세요.

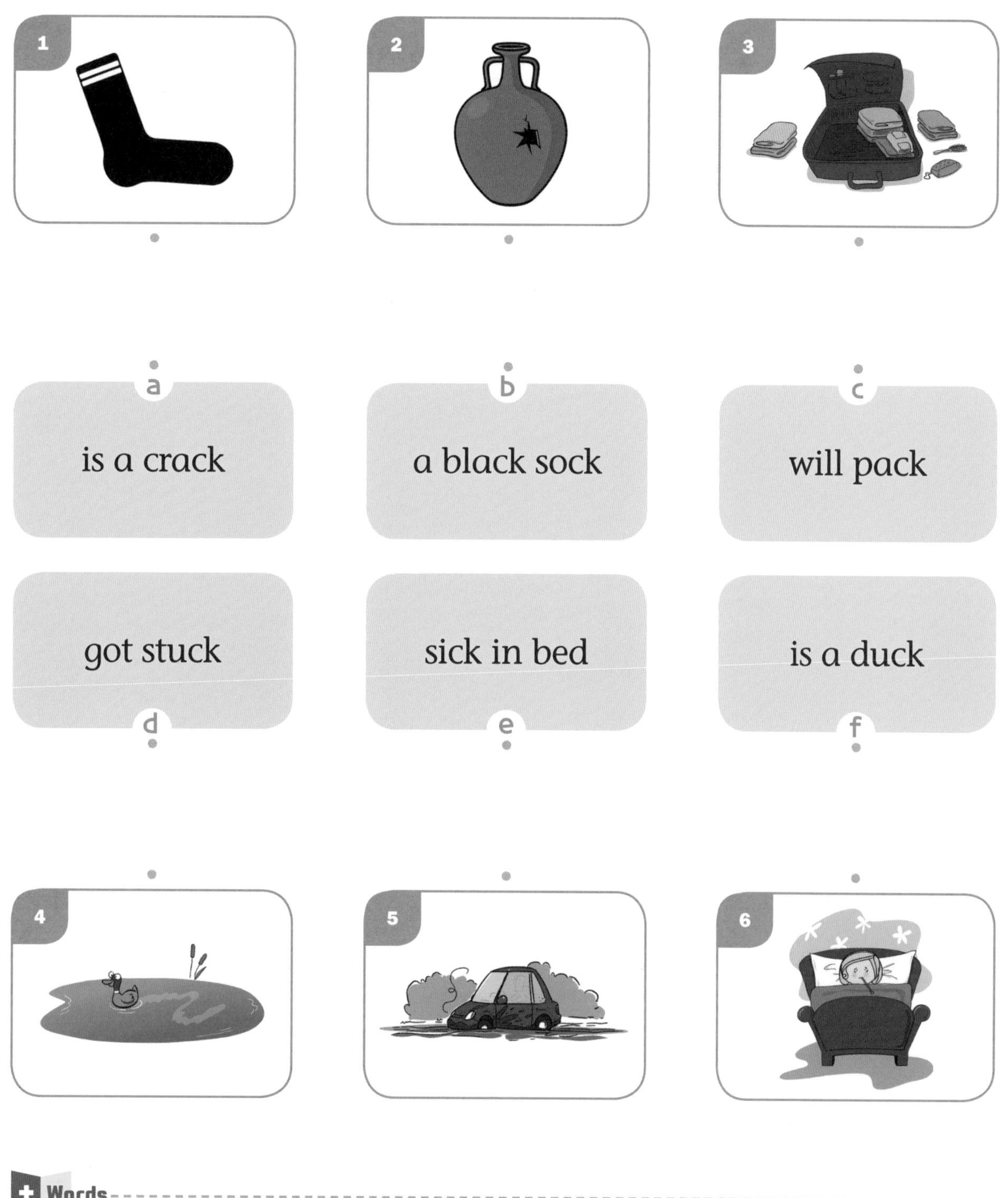

Words

crack 금, 틈 sock 양말 pack (짐을) 싸다 got (어떤 상태가) 되었다
stuck 갇힌, 움직일 수 없는 sick 아픈 duck 오리

010

Read Sentences》 빈칸에 단어를 순서대로 쓴 뒤 읽어 보세요.

1. bad 나쁜 / luck 운 → I had a ______ ______.
   나는 운이 나빴다[나쁜 운을 가졌다].
2. lack ~이 없다 / sock 양말 → I ______ a black ______.
   나는 검정 양말 한 짝이 없다.
3. hit 부딪혔다 / rock 바위 → My van ______ a ______.
   내 밴이 바위에 부딪혔다[바위를 들이받았다].
4. jug 주전자 / crack 금 → The ______ had a ______.
   주전자에 금이 갔다.

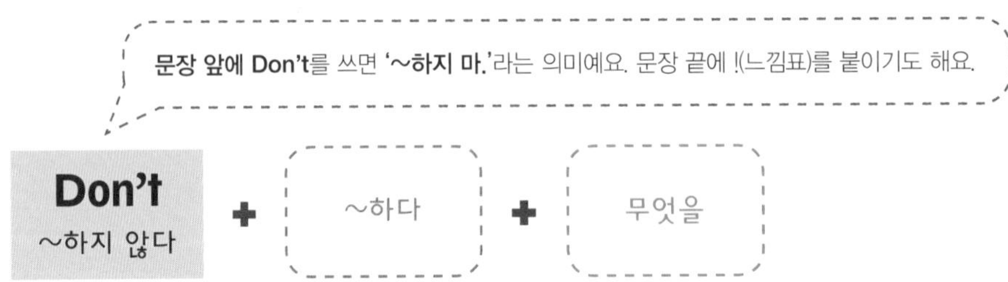

5. lock 잠그다 / door 문 → Don't ______ the ______.
   문을 잠그지 마.
6. lick 핥다 / hand 손 → Don't ______ my ______!
   내 손을 핥지 마!
7. kick 차다 / rock 바위 → [ ] ______ the ______.
   그 바위를 차지 마.
8. peck 쪼다 / back 등 → [ ] ______ my ______!
   내 등을 쪼지 마!

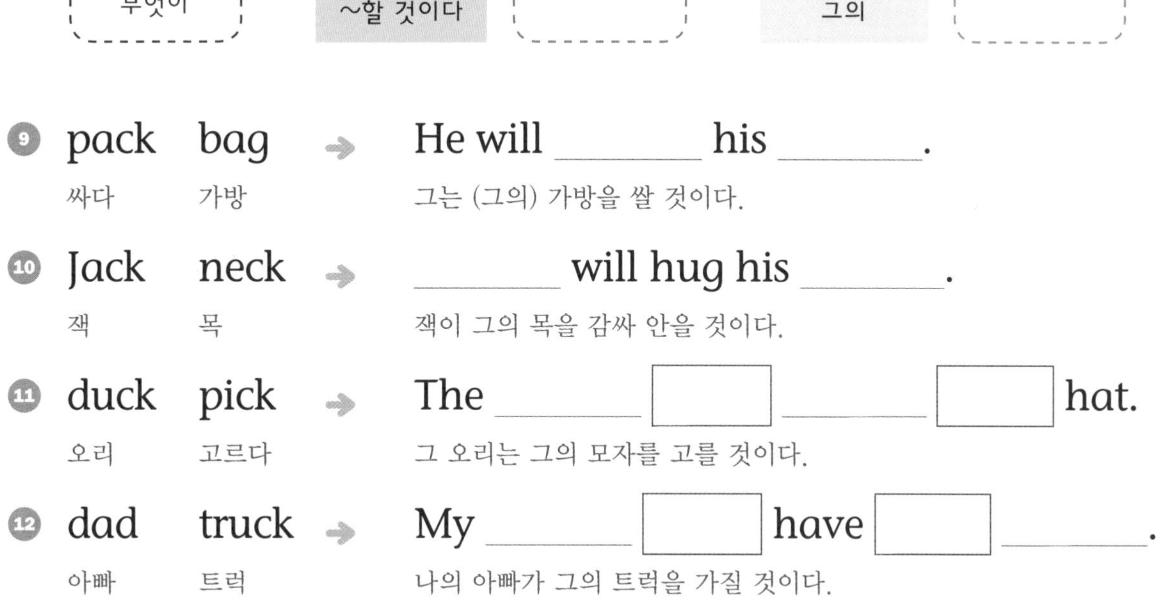

누가 무엇이 + **will** ~할 것이다 + ~하다 + **his** 그의 + 사물/사람

9 pack 싸다 bag 가방 → He will ______ his ______.
그는 (그의) 가방을 쌀 것이다.

10 Jack 잭 neck 목 → ______ will hug his ______.
잭이 그의 목을 감싸 안을 것이다.

11 duck 오리 pick 고르다 → The ______ [ ] ______ [ ] hat.
그 오리는 그의 모자를 고를 것이다.

12 dad 아빠 truck 트럭 → My ______ [ ] have [ ] ______.
나의 아빠가 그의 트럭을 가질 것이다.

There is ~이/가 있다 + 사물/동물 + **on/in** ~ (위)에/(안)에 + 장소

13 cup 컵 rack 선반 → There is a ______ in the ______.
선반에 컵이 하나 있다.

14 lock 자물쇠 sack 자루 → There is a ______ [ ] his ______.
그의 자루 안에 자물쇠가 하나 있다.

15 duck 오리 deck 갑판 → [ ] [ ] a ______ on the ______.
갑판에 오리 한 마리가 있다.

16 black 검은 stick 막대기 → [ ] [ ] a ______ ______ [ ] his bag.
그의 가방 위에 검은 막대기가 하나 있다.

Read More》 큰 소리로 문장을 읽고, 알맞은 뜻의 기호를 써 보세요.

1. He sat on the rock. ( )
2. The truck got stuck. ( )
3. He had a black stick. ( )
4. Nick was sick in bed. ( )

ⓐ 트럭이 꼼짝 못했다.
ⓑ 닉은 아파서 누워 있었다.
ⓒ 그는 바위에 앉았다.
ⓓ 그는 검정색 막대기를 가지고 있었다.

5. Don't pick a big clock. ( )
6. I will have his black sack. ( )
7. The Red Sox will win. ( ) *the Red Sox 미국 메이저리그 소속 야구팀
8. There is a red sock on the bed. ( )

ⓔ 내가 그의 검은색 자루를 가질 것이다.
ⓕ 침대 위에 빨간 양말 한 짝이 있다.
ⓖ 큰 시계는 고르지 마.
ⓗ 레드삭스가 이길 것이다.

012

다음 이야기들을 먼저 읽고, 다시 들어 보세요.

Knock, knock.

Who's there?

Duck.

Duck who?

*Duck quick!

*duck (머리나 몸을) 휙[쑥] 수그리다[숨기다]

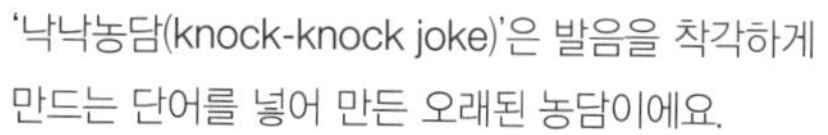

B

Jack had a black truck.

*One day his truck hit a big rock.

His truck got stuck in mud.

He was **so** sad.

He had a bad luck!

*one day 어느 날

who	there	so
누가	거기에	너무

Day 04

Min runs in the sun.

민이는 햇살을 받으며 달려요.

✔Check Point

• **문장 속 규칙** 동사 뒤에 -s를 붙이는 경우

동사란 '~하다'라는 뜻으로 움직임이나 행위, 상태를 나타내는 말이에요. 동사 앞에 한 사람이나 사물, 또는 He/She/It을 쓰면 동사 뒤에 **-s**를 붙여요.

예 I hug → Ben[The kid/He/She/It] + hugs
I kick → Max[A dog/He/She/It] + kicks

▲주의할 점 -s를 [s]나 [z]로 발음해요.

• **문장 속 사이트워드**

he	she	her	a lot	with
그는	그녀는	그녀의	많이	~을 가지고, ~와

013

Learn the Rule》 다음을 듣고, 빈칸에 〈동사+s〉 표현을 써 보세요.

1. dig → He digs
(땅을) 파다 / 그는 (땅을) 판다

2. hug → Mag ________
껴안다 / 매그는 껴안는다

3. nag → She ________
잔소리하다 / 그녀가 잔소리한다

4. hop → It ________
뛰다 / 그것은 뛴다

5. run → The dog ________
달리다 / 그 개는 달린다

6. win → He ________
이기다 / 그가 이긴다

7. get → She ________
얻다 / 그녀는 얻는다

8. fit → Tom ________
어울리다 / 톰은 어울린다

9. hit → The kid ________
치다 / 그 아이는 친다

10. set → She ________
놓다 / 그녀는 놓는다

11. cut → Ben ________
자르다 / 벤이 자른다

12. kick → The cow ________
(발로) 차다 / 그 소는 발로 찬다

Read Phrases》 그림에 맞는 표현을 찾아 선으로 연결해 보세요.

Words

dress 드레스, 원피스 **son** 아들 **face** 얼굴 **bat** 방망이, 배트

014

Read Sentences》 빈칸에 단어를 순서대로 쓴 뒤 읽어 보세요.

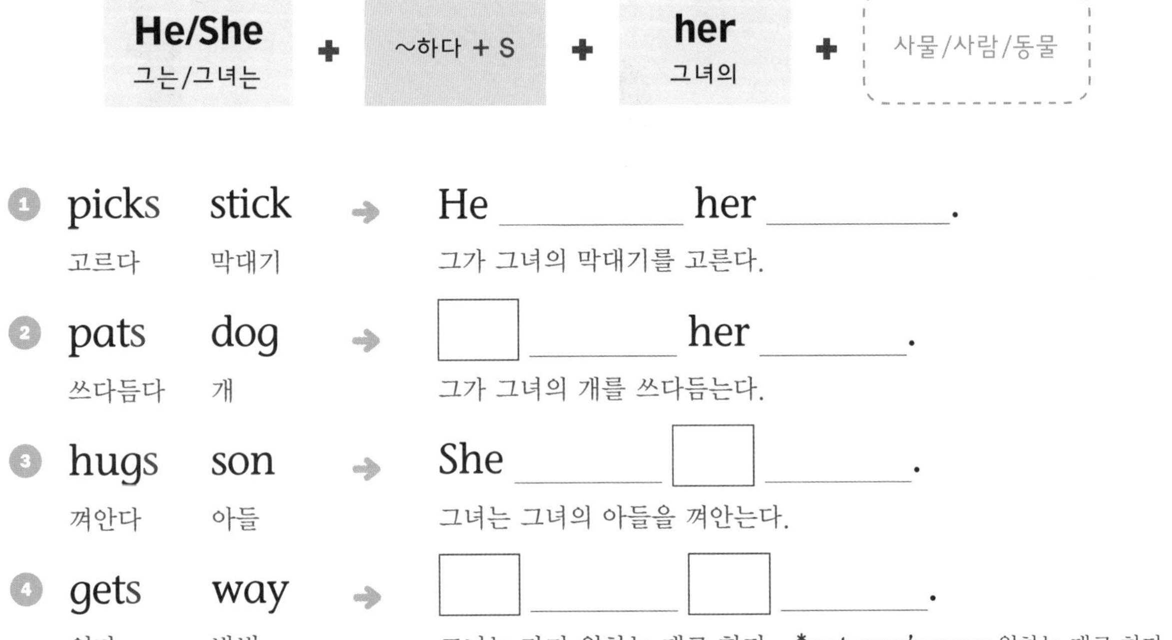

He/She 그는/그녀는 + ~하다 + S + her 그녀의 + 사물/사람/동물

1. picks 고르다 / stick 막대기 → He ________ her ________.
그가 그녀의 막대기를 고른다.

2. pats 쓰다듬다 / dog 개 → [ ] ________ her ________.
그가 그녀의 개를 쓰다듬는다.

3. hugs 껴안다 / son 아들 → She ________ [ ] ________.
그녀는 그녀의 아들을 껴안는다.

4. gets 얻다 / way 방법 → [ ] ________ [ ] ________.
그녀는 자기 원하는 대로 한다. *get one's way 원하는 대로 하다

My/His/Her 나의/그의/그녀의 + 사람/동물 + ~하다 + S + a lot 많이

5. dad 아빠 / jogs 조깅하다 → My ________ ________ a lot.
우리 아빠는 조깅을 많이 하신다.

6. mom 엄마 / nags 잔소리하다 → [ ] ________ ________ a lot.
우리 엄마는 잔소리를 많이 하신다.

7. dog 개 / digs (땅을) 파다 → His ________ ________ [ ] [ ].
그의 개는 땅을 많이 판다.

8. cat 고양이 / naps (낮)잠을 자다 → Her sick ________ ________ [ ] [ ].
그녀의 아픈 고양이는 낮잠을 많이 잔다.

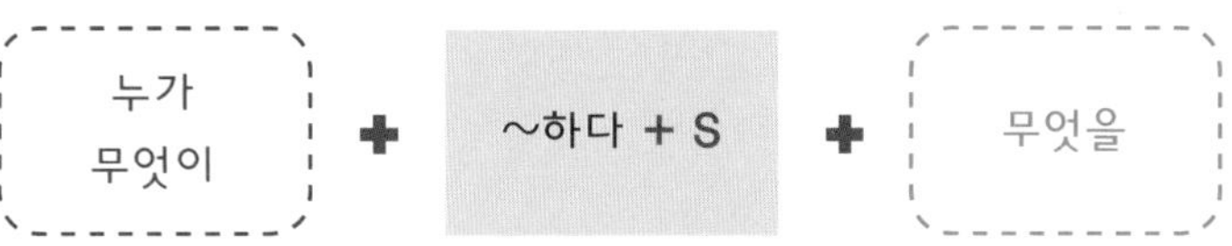

9 licks cup → The pig _______ my _______.

핥다 컵 그 돼지가 내 컵을 핥는다.

10 packs sack → The man _______ a big _______.

(짐을) 싸다 자루 그 남자는 큰 자루를 싼다.

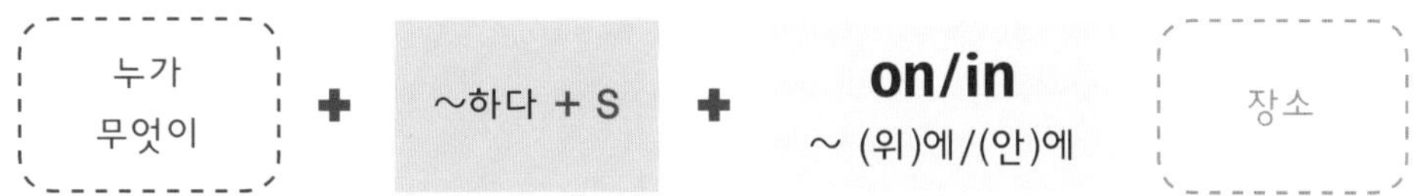

11 hops son → The dog _______ on his _______.

깡충깡충 뛰다 아들 그 개는 그의 아들 위에서 깡충 뛴다.

12 sits bed → Tom _______ ☐ Ted's _______.

앉다 침대 톰은 테드의 침대에 앉는다.

13 gets bus → Bob _______ ☐ the _______.

타다 버스 밥은 버스에 탄다.

14 fits red → Mag _______ in her _______ dress.

맞다 빨간 매그는 그녀의 빨간 드레스가 잘 맞는다.

15 runs sun → Min _______ ☐ the _______.

달리다 햇볕 민은 햇살을 받으며 달린다.

16 hits bat → The kid _______ a ball with a _______.

치다 방망이 그 아이는 방망이로 공을 친다.

015

Read More》 큰 소리로 문장을 읽고, 알맞은 뜻의 기호를 써 보세요.

1. The dog digs in the mud. (　　)
2. Rick hugs his mom. (　　)
3. The cat licks its leg. (　　)
4. Bob kicks a ball with his dad. (　　)

ⓐ 릭은 그의 엄마를 껴안는다.　ⓑ 그 고양이가 자기 다리를 핥는다.
ⓒ 밥은 아빠와 함께 공을 찬다.　ⓓ 그 개는 진흙 속에서 땅을 판다.

5. Ken packs his bag. (　　)
6. She wins a lot. (　　)
7. Her dad hums on the bed. (　　) *hum (노래를) 흥얼거리다
8. He sips hot tea in a mug. (　　) *sip 조금씩 마시다

ⓔ 그녀는 많이 이긴다.　ⓕ 그는 머그잔에 있는 뜨거운 차를 홀짝거린다.
ⓖ 그녀의 아빠는 침대 위에서 흥얼거린다.　ⓗ 켄은 그의 가방을 싼다.

016

다음 이야기들을 먼저 읽고, 다시 들어 보세요.

My cat picks a red cap.
It sits on the mat.
It licks **its** leg.
It naps in the sun.

B

Meg's mom packs a *lunch.
Mom sits on a *bench.
Dad kicks a ball.
Meg runs with her dog.

*lunch 점심, 도시락 bench 긴 의자, 벤치

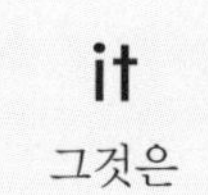

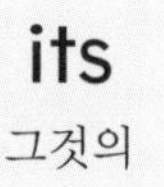

Day 05

They run fast on hot sand.

그들은 뜨거운 모래 위에서 빨리 달려요.

☑Check Point

- **문장 속 파닉스**

  -ft, -ld, -lk, -lt, -mp, -nd, -nt, -sk, -st처럼 자음 2개가 나란히 붙어 있는 경우에는 각각의 소리를 내면서 빠르게 이어서 읽어요.

- **문장 속 사이트워드**

they	this	can	and
그들은	이	~할 수 있다	그리고, ~와

Read Words》 단어를 먼저 읽고, 듣고 다시 따라 읽어 보세요.

017

ft gift left lift soft

ld hold

lk milk silk

lt belt felt melt

mp camp damp jump

nd band bend hand pond sand send

nt hunt mint tent went

sk desk task

st best fast list rest test

Read Phrases》 그림에 맞는 표현을 찾아 선으로 연결해 보세요.

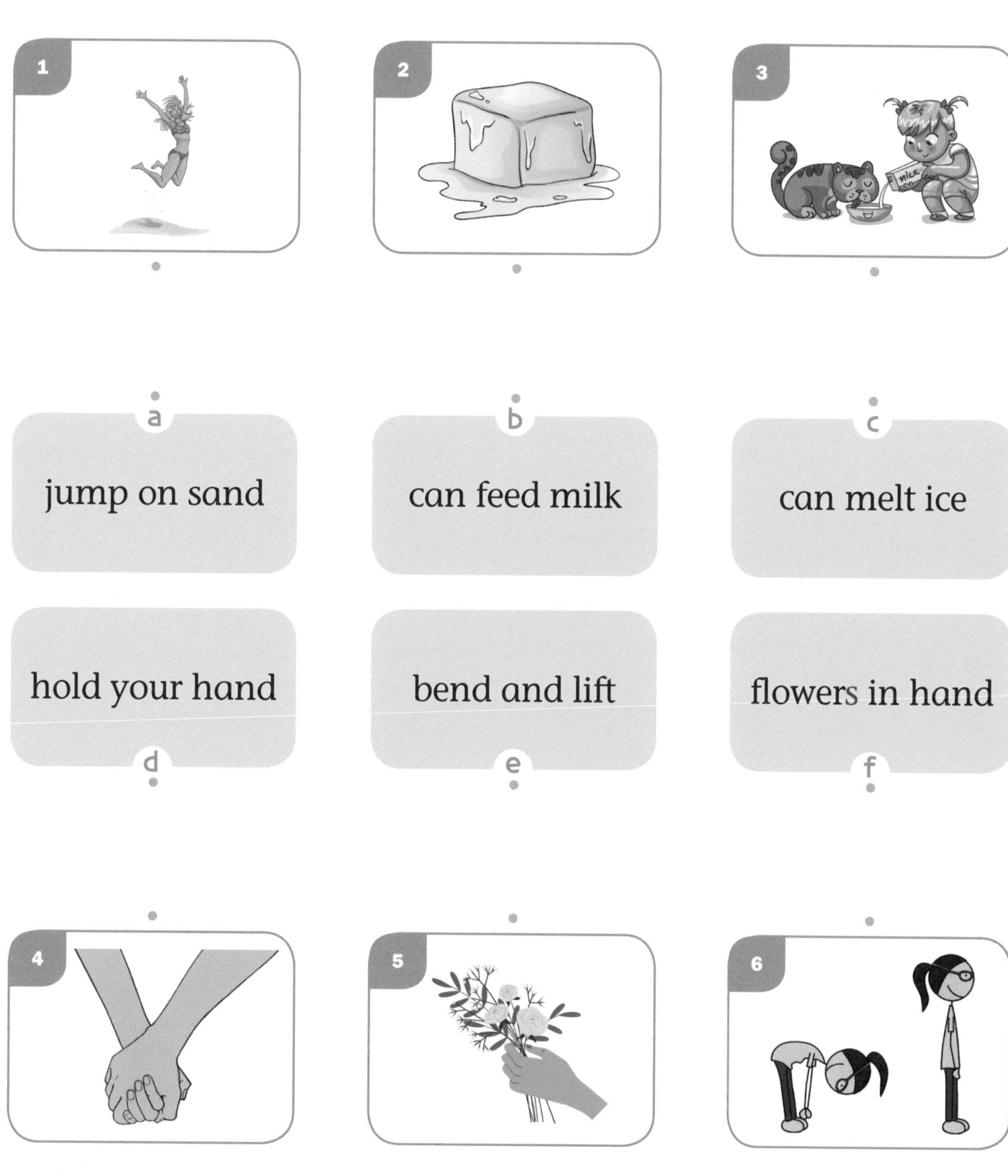

Words

sand 모래　feed ~을 먹이다　melt 녹이다　hold 잡다
bend 구부리다　lift 들어 올리다　flowers 꽃들

018

Read Sentences》 빈칸에 단어를 순서대로 쓴 뒤 읽어 보세요.

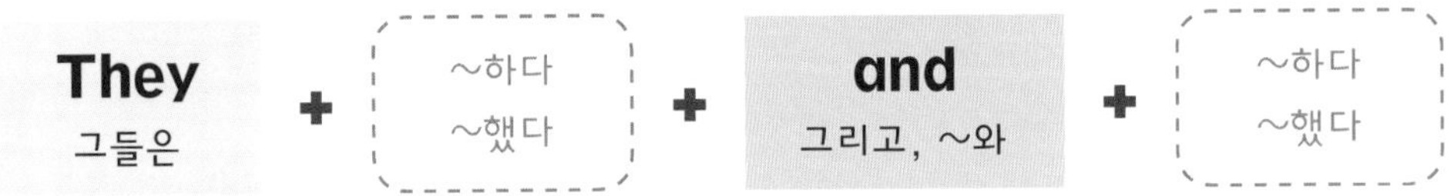

1. run 달리다 / jump 뛰다, 점프하다 → They ________ and ________.
   그들은 달리고 점프한다.
2. go 가다 / rest 쉬다 → They ________ home and ________.
   그들은 집에 가서 쉰다.
3. got 일어났다 / left 떠났다 → They ________ up [ ] ________.
   그들은 일어나서 떠났다. *got up (앉거나 누웠다가) 일어났다
4. bend 구부리다 / lift 들어 올리다 → [ ] ________ [ ] ________.
   그들은 몸을 굽혔다 편다.

누가 무엇이 + **can** ~할 수 있다 + ~하다 + 무엇을

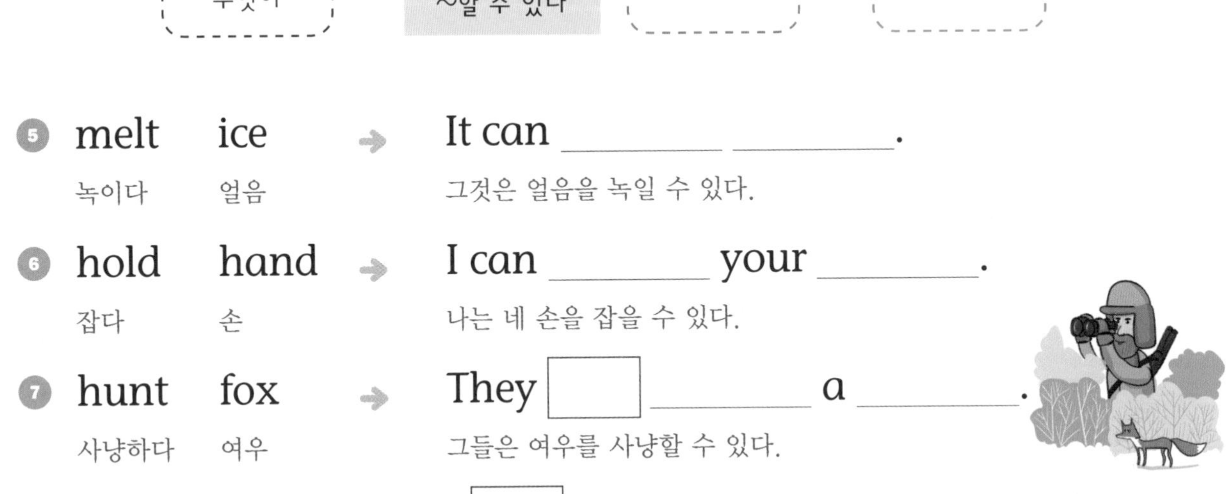

5. melt 녹이다 / ice 얼음 → It can ________ ________.
   그것은 얼음을 녹일 수 있다.
6. hold 잡다 / hand 손 → I can ________ your ________.
   나는 네 손을 잡을 수 있다.
7. hunt 사냥하다 / fox 여우 → They [ ] ________ a ________.
   그들은 여우를 사냥할 수 있다.
8. feed 먹이다 / milk 우유 → I [ ] ________ ________ to my cat.
   나는 내 고양이에게 우유를 먹일 수 있다.

9 jumps sand → He ________ on hot ________.
뛰다 모래 그는 뜨거운 모래에서 뛴다.

10 went tub → [ ] ________ in his hot ________.
갔다 욕조 그는 자기의 뜨거운 욕조 안에 들어갔다.

11 felt sick → She ________ ________ in the bus.
느꼈다 메스꺼운 그녀는 버스 안에서 속이 울렁거렸다.

12 left hand → [ ] ________ with flowers [ ] her ________.
떠났다 손 그녀는 자기 손에 꽃을 들고 떠났다.

This 이 + 사물 + is ~이다 + ~한 / 사물

13 milk best → This ________ is ________.
우유 가장 좋은 이 우유가 최고다.

14 silk soft → This ________ [ ] ________.
실크 부드러운 이 실크는 부드럽다.

15 belt gift → [ ] ________ is a ________.
벨트 선물 이 벨트는 선물이다.

16 room damp → [ ] ________ [ ] ________.
방 눅눅한 이 방은 눅눅하다[습하다].

019

Read More》 큰 소리로 문장을 읽고, 알맞은 뜻의 기호를 써 보세요.

1. His dog felt sad. (　　)
2. They rest in bed. (　　)
3. She can run and jump. (　　)
4. Frogs can jump into the pond. (　　) *into ~ 안으로

ⓐ 그들은 침대에서 쉰다.　ⓑ 그의 개는 슬펐다.
ⓒ 개구리들은 연못으로 뛰어들 수 있다.　ⓓ 그녀는 달리고 점프할 수 있다.

5. He can send this big tent. (　　)
6. Mint milk is best. (　　)
7. This band is soft. (　　)
8. They run fast on hot sand. (　　)

ⓔ 이 끈은 부드럽다.　ⓕ 그는 이 큰 텐트를 보낼 수 있다.
ⓖ 민트 우유가 최고다.　ⓗ 그들은 뜨거운 모래에서 빨리 달린다.

다음 이야기들을 먼저 읽고, 다시 들어 보세요.

"**Let's** camp!" Dad *yells.
Dad can drive a van.
Mom and I jump in the van.
We are so **happy**.

*yell 소리치다

B

I felt *tired **today**.
I went home and *rested.
I went in the hot tub.
Mint milk was best!

*tired 피곤한 rested 쉬었다

Let's	happy	today
~하자	행복한	오늘

Day 06

He saw some brown bricks.

그는 갈색 벽돌을 몇 개 봤어요.

Check Point

• **문장 속 규칙** 명사 뒤에 -s를 붙이는 경우

명사란 사람, 사물, 동물의 '이름'을 나타내는 말이에요. 둘 이상을 나타내는 복수형은 보통 명사 뒤에 **-s**를 붙여요.

예 a drum → two drums　　a swan → three swans

▲주의할 점 -s를 [s]나 [z]로 발음해요.

• **문장 속 사이트워드**

saw	some	the	where	will
보았다	약간, 몇몇	그	어디에	~할 것이다

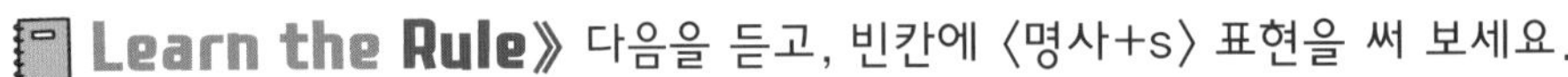

021

Learn the Rule》 다음을 듣고, 빈칸에 〈명사+s〉 표현을 써 보세요.

• 〈자음 + l〉로 시작하는 단어

1. block → blocks
   블록　블록들
2. cloud → ______
   구름　구름들
3. flag → ______
   깃발　깃발들
4. plum → ______
   자두　자두들
5. plane → ______
   비행기　비행기들
6. sled → ______
   썰매　썰매들

• 〈자음 + r〉로 시작하는 단어

7. brick → ______
   벽돌　벽돌들
8. crab → ______
   게　게들
9. drum → ______
   드럼　드럼들
10. frog → ______
    개구리　개구리들
11. grape → ______
    포도　포도들
12. train → ______
    기차　기차들

• 〈s + 자음〉으로 시작하는 단어

13. snake → ______
    뱀　뱀들
14. swan → ______
    백조　백조들
15. swing → ______
    그네　그네들

Read Phrases》 그림에 맞는 표현을 찾아 선으로 연결해 보세요.

Words

fly 조종하다, 날다 **blue** 파란색의 **black** 검은색의

dried 말린 **play** 연주하다 **a glass of** 한 잔의

022

Read Sentences》 빈칸에 단어를 순서대로 쓴 뒤 읽어 보세요.

누가 + **saw** 보았다 + **some** 약간의, 몇몇의 ~한 사물/동물 + s

1. green 초록색의 frogs 개구리들 → I saw some ______ ______. 나는 청개구리 몇 마리를 보았다.
2. blue 파란색의 flags 깃발들 → We saw some ______ ______. 우리는 파란색 깃발 몇 개를 보았다.
3. brown 갈색의 bricks 벽돌들 → He ☐ some ______ ______. 그는 갈색 벽돌 몇 개를 보았다.
4. black 검은색의 swans 백조들 → She ☐ ☐ ______ ______. 그녀는 검은 백조 몇 마리를 보았다.

둘 이상을 나타내는 **복수(명사+s)**가 오면 are와 함께 써요.

The 그 사물/동물 + s + **are** ~이다 + ~한

5. drums 드럼들 broken 부서진 → The ______ are ______. 그 드럼들은 부서져 있다.
6. grapes 포도 fresh 신선한 → The ______ are ______. 그 포도는 신선하다.
7. clams 조개들 frozen 언, 냉동된 → ☐ ______ are ______. 그 조개들은 얼어 있다.
8. gloves 장갑들 free 공짜의 → ☐ ______ ☐ ______. 그 장갑들은 공짜다.

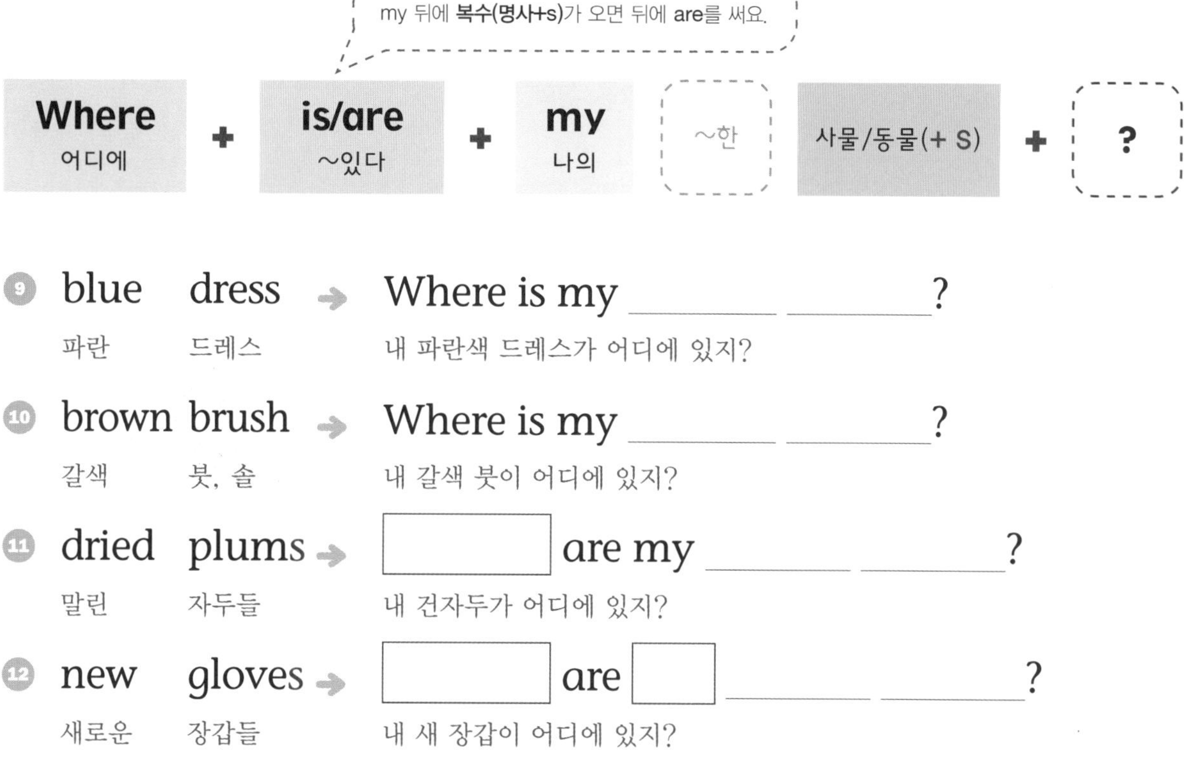

my 뒤에 **복수(명사+s)**가 오면 뒤에 **are**를 써요.

Where 어디에 + **is/are** ~있다 + **my** 나의 ~한 사물/동물(+ S) + **?**

9 blue 파란 dress 드레스 → Where is my ______ ______?
내 파란색 드레스가 어디에 있지?

10 brown 갈색 brush 붓, 솔 → Where is my ______ ______?
내 갈색 붓이 어디에 있지?

11 dried 말린 plums 자두들 → [ ] are my ______ ______?
내 건자두가 어디에 있지?

12 new 새로운 gloves 장갑들 → [ ] are [ ] ______ ______?
내 새 장갑이 어디에 있지?

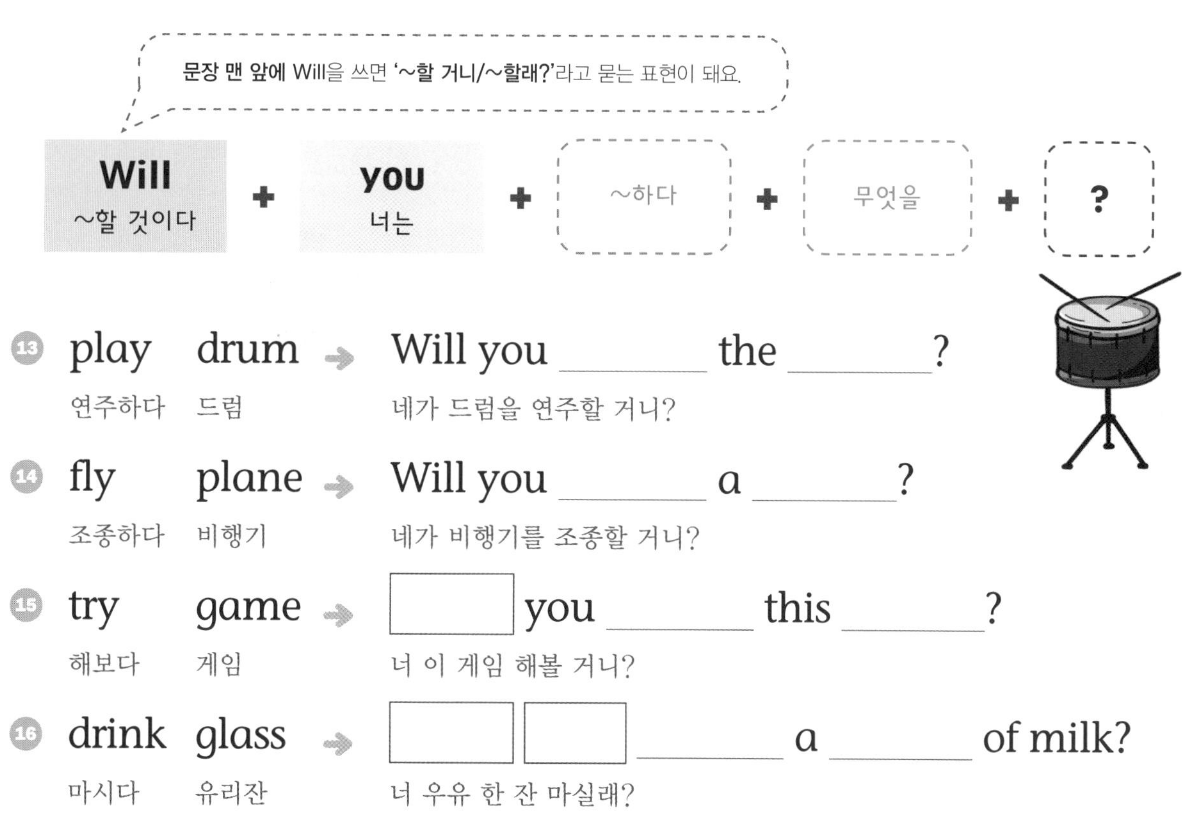

문장 맨 앞에 Will을 쓰면 **'~할 거니/~할래?'**라고 묻는 표현이 돼요.

Will ~할 것이다 + **you** 너는 + ~하다 + 무엇을 + **?**

13 play 연주하다 drum 드럼 → Will you ______ the ______?
네가 드럼을 연주할 거니?

14 fly 조종하다 plane 비행기 → Will you ______ a ______?
네가 비행기를 조종할 거니?

15 try 해보다 game 게임 → [ ] you ______ this ______?
너 이 게임 해볼 거니?

16 drink 마시다 glass 유리잔 → [ ] [ ] ______ a ______ of milk?
너 우유 한 잔 마실래?

023

Read More》 큰 소리로 문장을 읽고, 알맞은 뜻의 기호를 써 보세요.

1. I saw some good paintings. (   ) *paintings 그림들
2. The swans are so big. (   )
3. Where is the rock band? (   )
4. Will you swim with me? (   )

ⓐ 그 록 밴드는 어디에 있지?　ⓑ 나랑 수영할래?
ⓒ 그 백조들은 아주 크다.　ⓓ 나는 좋은 그림들을 몇 개 봤다.

5. The free train is slow. (   )
6. Where are my new snacks? (   )
7. Will you break the wind? (   )
8. I saw some snakes in the grass. (   )

ⓔ 네가 바람을 막아 줄 거니?　ⓕ 내 새 간식들이 어디에 있지?
ⓖ 나는 잔디에서 뱀을 몇 마리 봤다.　ⓗ 그 무료 기차는 느리다.

024

다음 이야기들을 먼저 읽고, 다시 들어 보세요.

Mike has blue blocks.
He rides a blue sled.
His gloves are blue, **too**.
He likes the **color** blue.

B

Mary saw a snake in the grass.
She saw some frogs in the pond.
Her drum was *broken.
She had a **bad** dream!

*broken 부서진, 고장 난

too	color	bad
역시, 또한	색깔	나쁜

Day 07

Can you wash the dishes?

당신은 설거지를 할 수 있나요?

✔Check Point

• 문장 속 파닉스

두 개의 자음 철자가 합쳐져서 하나의 소리가 나기도 해요.

예				
c + h = ch	s + h = sh	t + h = th	g + h = gh	p + h = ph
[k] [h] [tʃ]	[s] [h] [ʃ]	[t] [h] [θ]	[g] [h] [f]	[p] [h] [f]

• 문장 속 사이트워드

think	had	you	like to	can
생각하다	먹었다, 했다	너는, 너에게	~하기를 좋아하다	~할 수 있다

Read Words》 단어를 먼저 읽고, 듣고 다시 따라 읽어 보세요.

025

ch [tʃ / 취]
chat chin chess rich bench catch lunch

sh [ʃ / 쉬]
shop shut dish fish wash wish trash brush

th [θ / ㅆ]
thin thank think three bath math teeth

gh [f / ㅍ]
cough laugh rough tough

ph [f / ㅍ]
phone photo

Read Phrases》 그림에 맞는 표현을 찾아 선으로 연결해 보세요.

1 

2 

3 

a fish and chips

b wash the dishes

c take a photo

d brush my teeth

e had a hot bath

f take out the trash

4 

5 

6 

Words

chips 감자튀김 dishes 접시들 take (사진을) 찍다
brush 칫솔질을 하다 take out (밖으로) 내놓다 trash 쓰레기

026

Read Sentences》 빈칸에 단어를 순서대로 쓴 뒤 읽어 보세요.

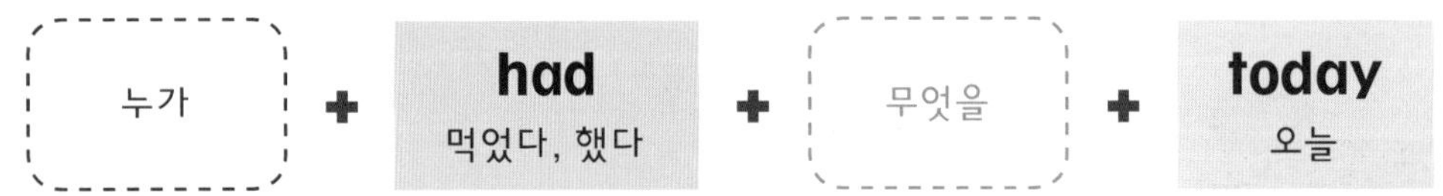

1. fish (생선) chips (칩스) → Dan had ________ and ________ today.
   댄은 오늘 피시앤칩스를 먹었다. *피시앤칩스: 감자튀김을 곁들인 생선튀김

2. hot (뜨거운) bath (목욕) → Bob had a ________ ________ today.
   밥은 오늘 뜨거운 물에 목욕을 했다.

3. big (큰) lunch (점심) → Sam ☐ a ________ ________ today.
   샘은 오늘 점심을 많이 먹었다[많은 양의 점심을 먹었다].

4. long (긴) chat (수다) → They ☐ a ________ ________ ☐.
   그들은 오늘 오랫동안 수다를 떨었다.

5. king (왕) rich (부유한) → I think the ________ is ________.
   나는 그 왕이 부자라고 생각한다.

6. girl (소녀) thin (마른) → I think the ________ is ________.
   나는 그 소녀가 말랐다고 생각한다.

7. meat (고기) tough ((고기가) 질긴) → ☐ ☐ the ________ is ________.
   나는 그 고기가 질기다고 생각한다.

8. cloth (천) rough (거친) → ☐ ☐ the ________ ☐ ________.
   나는 그 천이 거칠다고 생각한다.

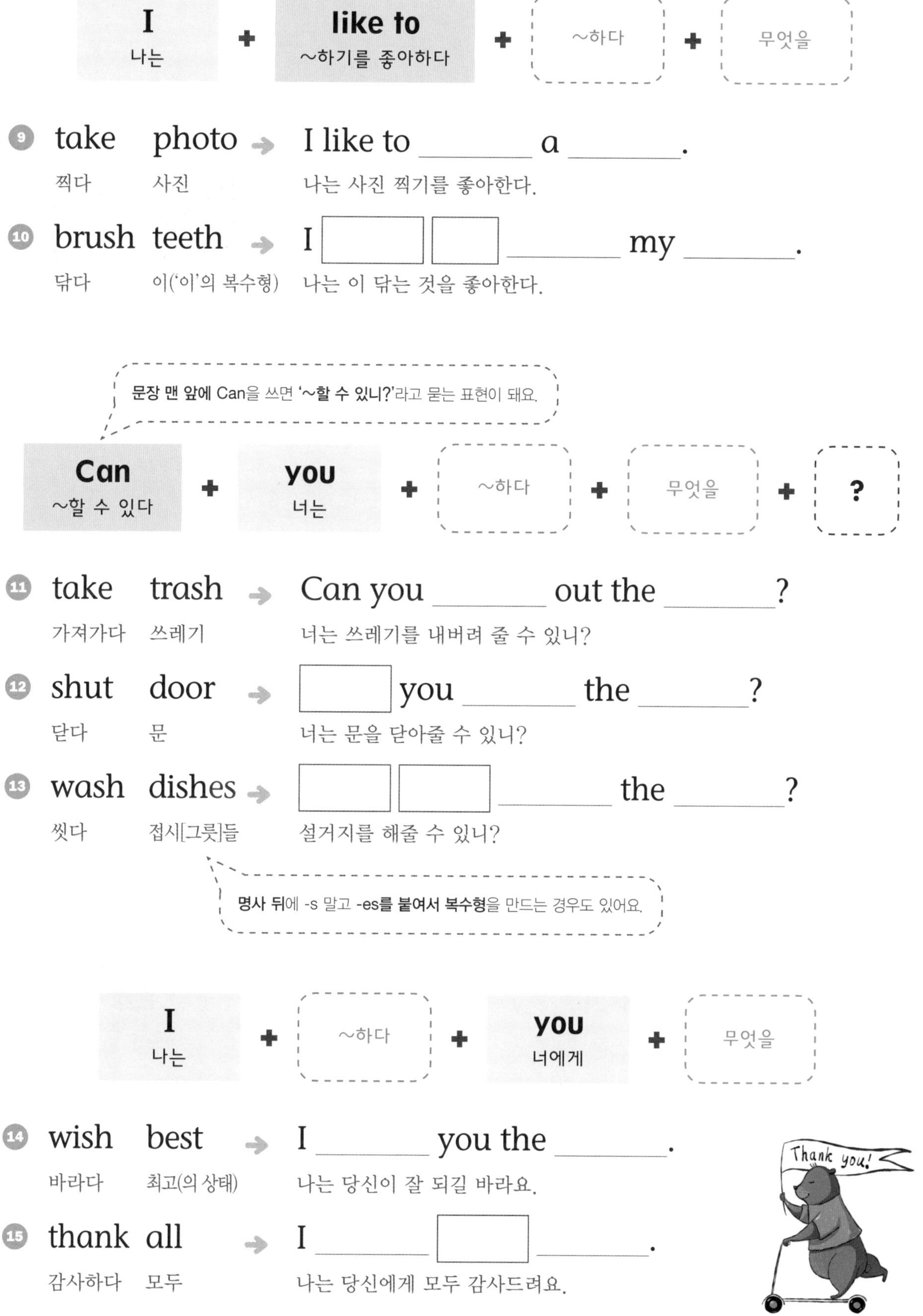

I 나는 + **like to** ~하기를 좋아하다 + ~하다 + 무엇을

9 take 찍다 photo 사진 → I like to ________ a ________.
나는 사진 찍기를 좋아한다.

10 brush 닦다 teeth 이('이'의 복수형) → I ☐ ☐ ________ my ________.
나는 이 닦는 것을 좋아한다.

문장 맨 앞에 Can을 쓰면 **'~할 수 있니?'**라고 묻는 표현이 돼요.

Can ~할 수 있다 + **you** 너는 + ~하다 + 무엇을 + **?**

11 take 가져가다 trash 쓰레기 → Can you ________ out the ________?
너는 쓰레기를 내버려 줄 수 있니?

12 shut 닫다 door 문 → ☐ you ________ the ________?
너는 문을 닫아줄 수 있니?

13 wash 씻다 dishes 접시[그릇]들 → ☐ ☐ ________ the ________?
설거지를 해줄 수 있니?

명사 뒤에 -s 말고 **-es를 붙여서 복수형**을 만드는 경우도 있어요.

I 나는 + ~하다 + **you** 너에게 + 무엇을

14 wish 바라다 best 최고(의 상태) → I ________ you the ________.
나는 당신이 잘 되길 바라요.

15 thank 감사하다 all 모두 → I ________ ☐ ________.
나는 당신에게 모두 감사드려요.

027

Read More》 큰 소리로 문장을 읽고, 알맞은 뜻의 기호를 써 보세요.

1. Can you catch the bus? (   )
2. I like to wash and sleep. (   )
3. I had a rough time today. (   )
4. I think the shop is shut. (   )

ⓐ 내 생각에 그 가게는 문을 닫은 것 같다.
ⓑ 너는 버스를 잡아탈 수 있겠니?
ⓒ 나는 씻고 자는 것을 좋아한다.
ⓓ 나는 오늘 힘든 시간을 보냈다.

5. I had a cough today. (   )
6. I think my mom is the best. (   )
7. I like to play chess. (   )

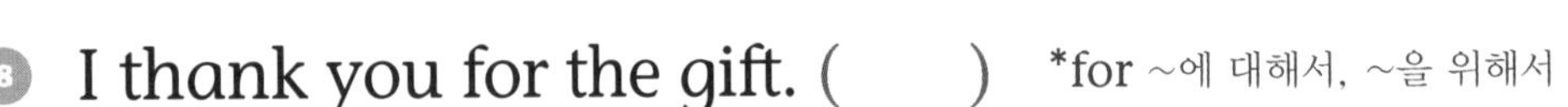

8. I thank you for the gift. (   ) *for ~에 대해서, ~을 위해서

ⓔ 나는 체스 두는 것을 좋아한다.
ⓕ 선물 고마워요.
ⓖ 나는 우리 엄마가 최고라고 생각한다.
ⓗ 나는 오늘 기침이 났다.

STORY TIME

다음 이야기들을 먼저 읽고, 다시 들어 보세요.

028

A

I like to **help** my mom.
I can take out the trash.
I can wash the dog in the tub.
I can *shop **for** food.

*shop for food 식료품을 사다

B

Beth had a good day today.
She went **to** the beach today.
The sea was rough today.
She got some *seashells.
She saw a shark.

*seashells 조개껍데기들

사이트워드 Plus

help	for	to
돕다	~을 위해	~까지

Day 08

There wasn't a frog in the pond.

연못에는 개구리가 없었어요.

☑Check Point

• **문장 속 규칙** is/are/was 뒤에 not을 붙이는 경우

not은 '~ 아니다'라는 뜻의 부정을 만드는 표현이에요. is, are, was 등과 같이 쓸 때 보통 not을 n't로 줄여 써요.

예 is not → isn't　　are not → aren't　　was not → wasn't

• **문장 속 사이트워드**

its	isn't	wasn't	put	so
그것의	~ 아니다/없다	~ 아니었다/없었다	넣다	너무

029

Learn the Rule》 다음을 듣고, 밑줄 친 동사의 부정 표현을 줄여 써 보세요.

1. this milk is not → this milk isn't 이 우유는 ~ 아니다
2. is not glad → ________ glad 기쁘지 않다
3. is not a pan → ________ a pan 냄비가 아니다
4. the bricks are not → the bricks ________ 벽돌들은 ~ 아니다
5. are not fresh → ________ fresh 신선하지 않다
6. are not swans → ________ swans 백조들이 아니다
7. the sky was not → the sky ________ 하늘이 (~가) 아니었다
8. my school was not → my school ________ 나의 학교는 (~가) 아니었다
9. was not thin → ________ thin 마른 게 아니었다
10. was not my cap → ________ my cap 내 야구모자가 아니었다

Read Phrases》 그림에 맞는 표현을 찾아 선으로 연결해 보세요.

1 

2 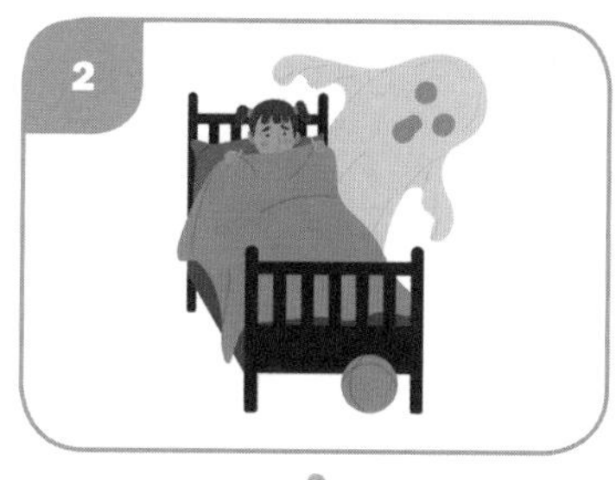

3 

a. a ghost in the house

b. Ben's gift on the desk

c. the dishes in the sink

d. put gas in the car

e. wasn't so bad

f. a fish in the pond

4 

5 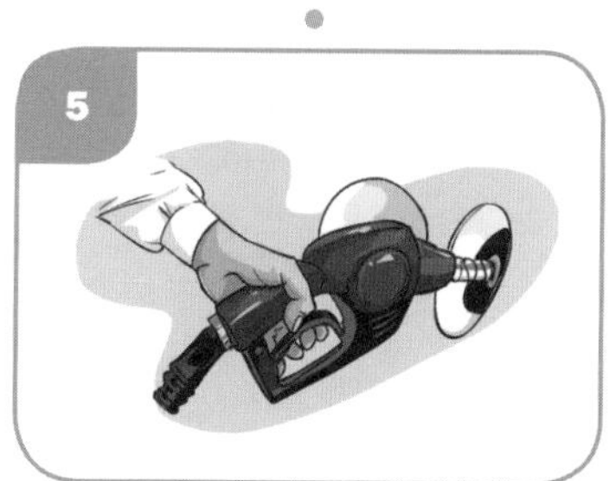

6 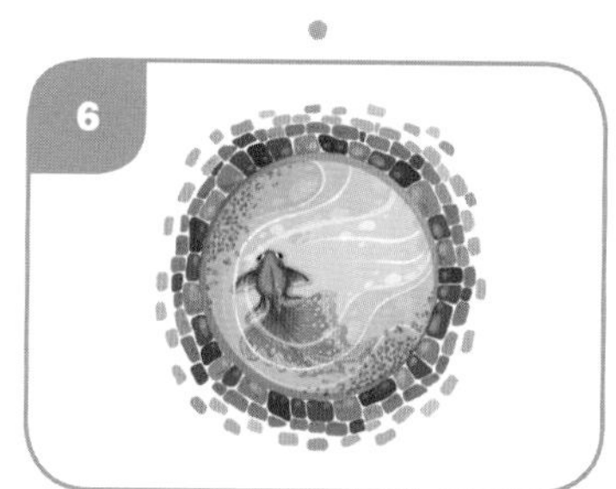

Words

ghost 유령 gift 선물 desk 책상
sink 싱크대, 개수대 gas (자동차) 기름, 가스 pond 연못

030

Read Sentences》 빈칸에 단어를 순서대로 쓴 뒤 읽어 보세요.

무엇이 + **isn't** ~ 아니다 + ~한

1. milk 우유 fresh 신선한 → The ______ isn't ______. 그 우유는 신선하지 않다.
2. place 장소 safe 안전한 → This ______ isn't ______. 이 장소는 안전하지 않다.
3. stone 돌 small 작은 → This ______ [ ] ______. 이 돌은 작지 않다.
4. skin 피부 great 좋은 → My ______ [ ] ______. 내 피부는 좋지 않다.

무엇이 + **wasn't** ~ 없었다 + **on** ~ (위)에 + 장소/사물

5. name 이름 list 목록 → My ______ wasn't on the ______. 내 이름이 목록에 없었다.
6. gift 선물 desk 책상 → Ben's ______ [ ] [ ] the ______. 벤의 선물은 책상 위에 없었다.

There isn't ~ 없다 + 무엇이 + **in** ~ (안)에 + 장소

7. snake 뱀 grass 풀밭 → There isn't a ______ in the ______. 풀밭에 뱀은 없다.
8. ghost 귀신, 유령 house 집 → [ ] [ ] a ______ [ ] the ______. 집에는 귀신이 없다.

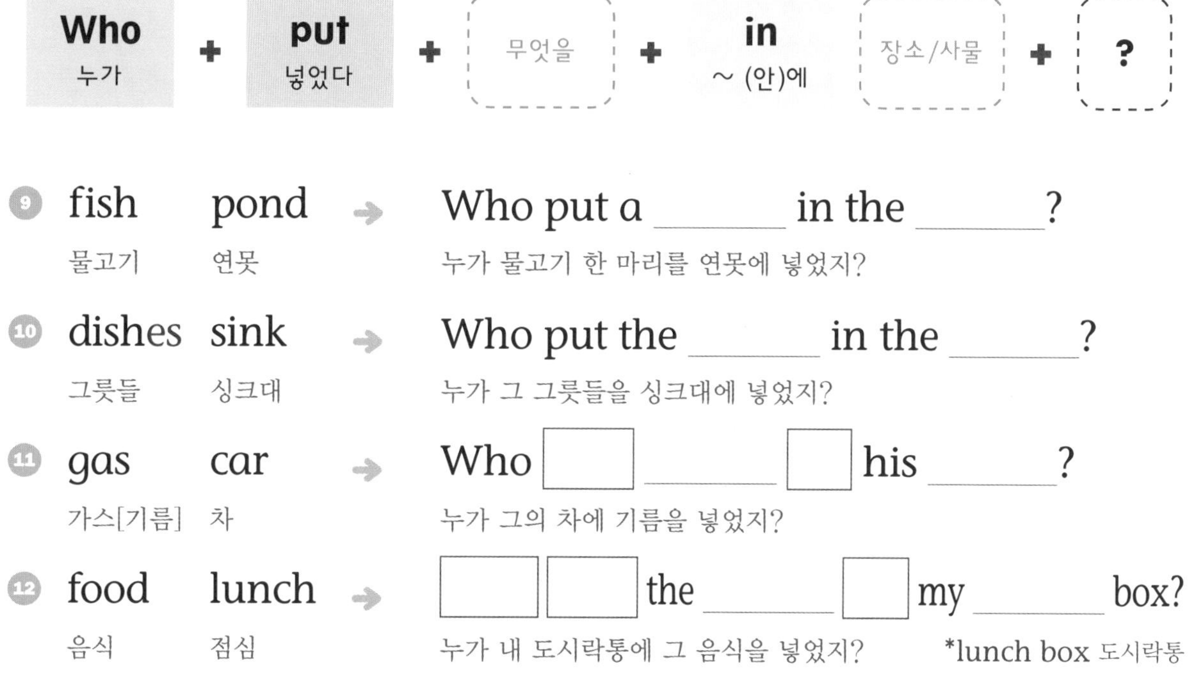

9 fish pond → Who put a ______ in the ______?
물고기 연못 누가 물고기 한 마리를 연못에 넣었지?

10 dishes sink → Who put the ______ in the ______?
그릇들 싱크대 누가 그 그릇들을 싱크대에 넣었지?

11 gas car → Who ☐ ______ ☐ his ______?
가스[기름] 차 누가 그의 차에 기름을 넣었지?

12 food lunch → ☐ ☐ the ______ ☐ my ______ box?
음식 점심 누가 내 도시락통에 그 음식을 넣었지? *lunch box 도시락통

13 smell bad → Its ______ wasn't so ______.
냄새 나쁜 그것의 냄새가 그렇게 나쁘지는 않았다.

14 skin rough → Its ______ wasn't so ______.
피부 거친 그것의 피부가 그렇게 거칠지는 않았다.

15 neck thin → ☐ ______ wasn't ☐ ______.
목 얇은, 가는 그것의 목은 그렇게 가늘지는 않았다.

16 spot black → ☐ ______ ☐ ☐ ______.
점 검은 그것의 점은 그렇게 검지는 않았다.

031

Read More» 큰 소리로 문장을 읽고, 알맞은 뜻의 기호를 써 보세요.

1 His book wasn't on the table. (　　)

2 My pet isn't in the tub. (　　)

3 The wind wasn't so strong. (　　)

4 Its dish wasn't so big. (　　)

ⓐ 나의 반려동물이 욕조에 없다.　ⓑ 그것의 접시는 그렇게 크지 않았다.
ⓒ 바람이 그렇게 세지는 않았다.　ⓓ 그의 책은 탁자 위에 없었다.

5 Who put snacks in my pocket? (　　)

6 There isn't a frog in the pond. (　　)

7 The tent wasn't so wet. (　　)

8 There wasn't a black swan in the lake. (　　)

ⓔ 호수에 검은 백조는 없었다.　ⓕ 누가 내 주머니에 간식을 넣었지?
ⓖ 연못에 개구리가 없다.　ⓗ 그 텐트는 그렇게 젖지는 않았다.

032

다음 이야기들을 먼저 읽고, 다시 들어 보세요.

My pet isn't in my room.
It isn't so big.
Here it is!
Who put the pet in the tub?
Its smell is so *sweet.

*sweet 향긋한

B

Bill *went **for** a picnic.
The wind wasn't so strong.
He wasn't late for the bus.
His lunch box wasn't small.
Wow! Who put snacks in his bag?

*went for a picnic 소풍을 갔다

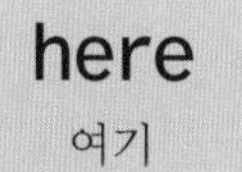

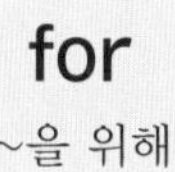

Day 09

When will you ride the bike?

당신은 언제 자전거를 탈 건가요?

Check Point

•문장 속 파닉스

〈자음+모음+자음〉 뒤에 e가 오면 앞 모음이 그것의 알파벳 이름 소리를 내요. 예를 들면, bike의 i가 [아이]처럼 발음되죠.

단모음	→	a [애]	i [이]	o [아]	u [어]
+ e		⇩	⇩	⇩	⇩
장모음	→	a_e [에이]	i_e [아이]	o_e [오우]	u_e [유-/우-]

•문장 속 사이트워드

the	will	did	very	when
그	~할 것이다	~했다	매우, 아주	언제

033

Read Words》 단어를 먼저 읽고, 듣고 다시 따라 읽어 보세요.

a_e [eɪ / 에이]

bake cake cape gate gave date
face lake late made make name
safe take wake place plane skate

i_e [aɪ / 아이]

bike fine five hide nine
ride ripe wide wife wipe

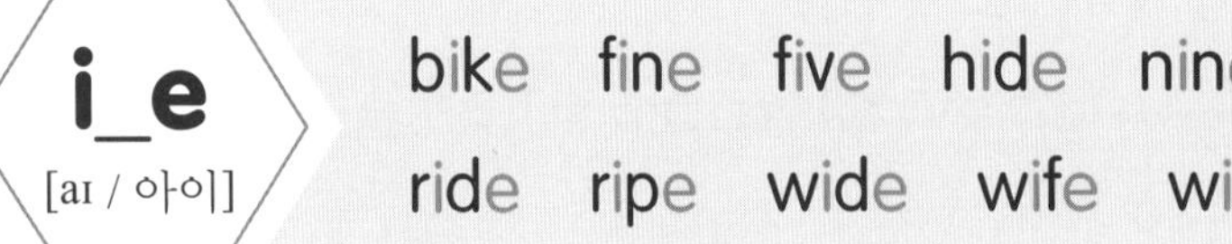

o_e [oʊ / 오우]

bone home joke nose pose
rode rope close drove wrote

u_e [juː / 유-] [uː / 우-]

use cute duke rude tube

Read Phrases》 그림에 맞는 표현을 찾아 선으로 연결해 보세요.

Words

rode (자전거 등을) 탔다 cute 귀여운 wipe 닦다
ate 먹었다 take a plane 비행기를 타다

034

Read Sentences》 빈칸에 단어를 순서대로 쓴 뒤 읽어 보세요.

누가 + ~했다 + **the** 그 사물

the를 쓰면 **무엇인지 서로 알고 있다는 의미**예요.

1. ate 먹었다 / cake 케이크 → Jane ______ the ______.
   제인이 (그) 케이크를 먹었다.
2. made 만들었다 / cape 망토 → Mike ______ the ______.
   마이크가 (그) 망토를 만들었다.
3. rode 탔다 / bike 자전거 → Kate ______ ☐ ______.
   케이트는 (그) 자전거를 탔다.
4. wrote 썼다 / date 날짜 → Luke ______ ☐ ______.
   루크는 (그) 날짜를 썼다.

문장 앞에 Did를 쓰면 **'~했니/했었니?'**라고 묻는 표현이 돼요.

Did ~했다 + **you** 네가, 너는 + ~하다 + 무엇을 + **?**

5. wash 씻다 / face 얼굴 → Did you ______ your ______?
   너는 얼굴을 씻었니?[세수했니?]
6. hide 숨기다 / rope 밧줄 → Did you ______ the ______?
   네가 (그) 밧줄을 숨겼니?
7. use 사용하다 / skates 스케이트 → ☐ you ______ my ______?
   네가 내 스케이트를 썼니?
8. make 만들다 / joke 농담 → ☐ ☐ ______ a ______?
   너는 농담한 거니?

무엇이 + **is** ~이다 + **very** 매우, 아주 + ~한

9. lake 호수 / wide 넓은 → This ________ is very ________.
   이 호수는 매우 넓다.

10. face 얼굴 / cute 귀여운 → Her ________ is very ________.
    그녀의 얼굴은 매우 귀엽다.

11. wife 아내 / late 늦은 → His ________ [ ] very ________.
    그의 아내는 아주 늦는다.

12. place 장소 / safe 안전한 → This ________ [ ] [ ] ________.
    이 장소는 매우 안전하다.

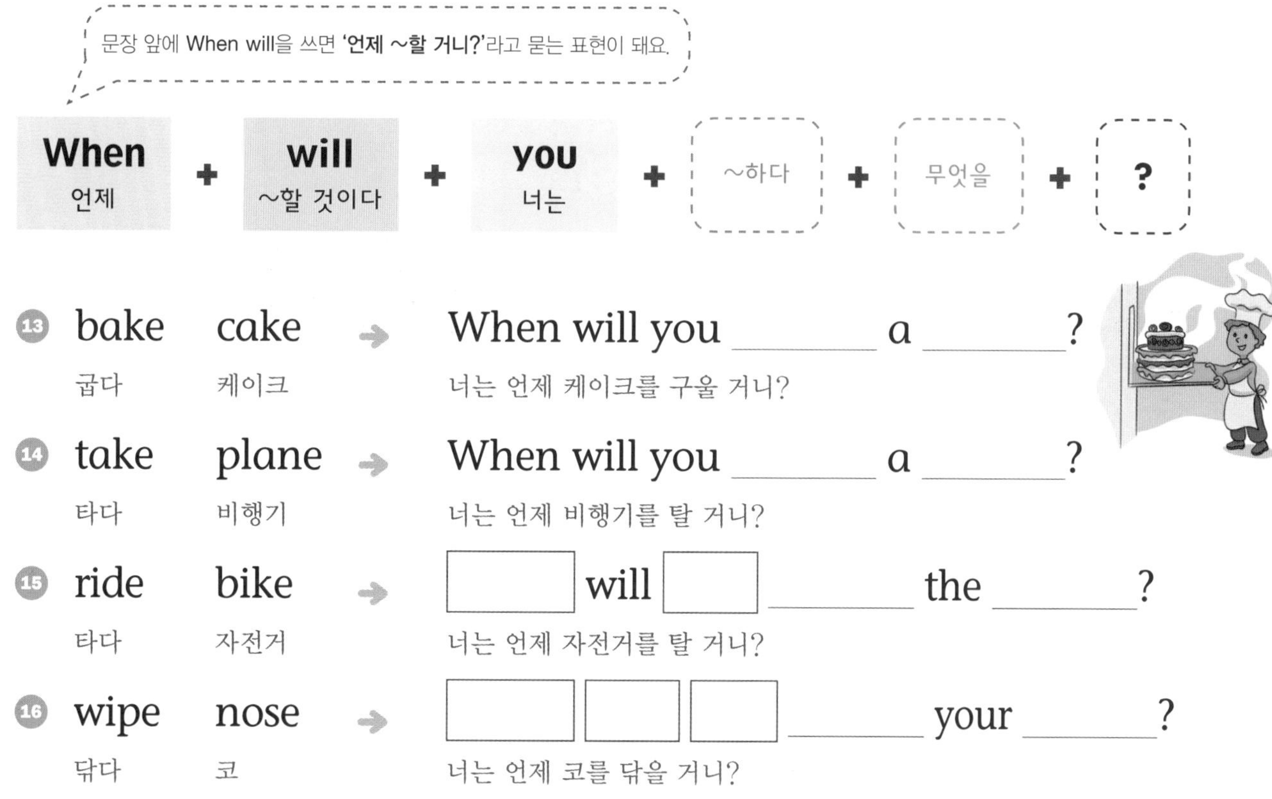

문장 앞에 When will을 쓰면 **'언제 ~할 거니?'**라고 묻는 표현이 돼요.

When 언제 + **will** ~할 것이다 + **you** 너는 + ~하다 + 무엇을 + **?**

13. bake 굽다 / cake 케이크 → When will you ________ a ________?
    너는 언제 케이크를 구울 거니?

14. take 타다 / plane 비행기 → When will you ________ a ________?
    너는 언제 비행기를 탈 거니?

15. ride 타다 / bike 자전거 → [ ] will [ ] ________ the ________?
    너는 언제 자전거를 탈 거니?

16. wipe 닦다 / nose 코 → [ ] [ ] [ ] ________ your ________?
    너는 언제 코를 닦을 거니?

035

Read More》 큰 소리로 문장을 읽고, 알맞은 뜻의 기호를 써 보세요.

1 Did your dog hide five bones? (　　)

2 I wrote the name on the board. (　　) *board 칠판

3 The duke is very rude. (　　)

4 When will you wake up? (　　) *wake up (잠에서) 깨다

ⓐ 나는 칠판에 그 이름을 썼다.　ⓑ 그 공작은 무척 무례하다.
ⓒ 너는 언제 일어날 거니?　ⓓ 너의 개가 뼈를 다섯 개 숨겼니?

5 Did you make the cape? (　　)

6 Mom drove the fine car. (　　)

7 Jake made a date with Jane. (　　) *date (남녀간의) 데이트, 약속

8 When will you close the gate? (　　)

ⓔ 제이크는 제인과 데이트를 했다.　ⓕ 망토를 네가 만들었니?
ⓖ 언제 문을 닫으시나요?　ⓗ 엄마는 멋진 차를 운전했다.

036

다음 이야기들을 먼저 읽고, 다시 들어 보세요.

A

Jake is five.
He made a cape **with** his mom.
His cape is very cute.
When will you fly **to** the sky, Jake?

B

Kate loves a cake.
She made a cake.
She *ate the cake **all** up!
When will you wash your face, Kate?

*ate up (~을) 다 먹었다

with	to	all
~와	~까지	모두

Day 10

She doesn't make a face.

그녀는 얼굴을 찌푸리지 않아요.

☑Check Point

• **문장 속 규칙** 동사의 부정(~하지 않다)을 나타내는 방법

'~하지 않다'를 표현할 때는 〈don't/doesn't + ~하다〉를 써요. 주어(누가/무엇이)에 따라 don't나 doesn't를 써요.

예 I[You/We/They] + make → **don't make**

Ben[He/She/It] + makes → **doesn't make**

▲주의할 점 don't는 do not, doesn't는 does not의 줄임말이에요.

• **문장 속 사이트워드**

it's	are	time	to	in
(그것은) ~이다	~있다	시간	~하기	~ (안)에

037

Learn the Rule》 다음을 듣고, 빈칸에 don't 또는 doesn't를 써 보세요.

1. I hide 나는 숨기다 → I __don't__ hide 나는 숨기지 않는다
2. You write 너는 쓴다 → You ________ write 너는 쓰지 않는다
3. We hate 우리는 싫어한다 → We ________ hate 우리는 싫어하지 않는다
4. They close 그들은 닫는다 → They ________ close 그들은 닫지 않는다
5. Ben hides 벤은 숨긴다 → Ben ________ hide 벤은 숨기지 않는다
6. He writes 그는 쓴다 → He ________ write 그는 쓰지 않는다
7. It hates 그것은 싫어한다 → It ________ hate 그것은 싫어하지 않는다
8. She closes 그녀는 닫는다 → She ________ close 그녀는 닫지 않는다

Read Phrases》 그림에 맞는 표현을 찾아 선으로 연결해 보세요.

Words

vase 꽃병 cage 새장, 우리 note 메모, 편지
early 일찍 nap 낮잠, 잠깐 잠 make a face 얼굴을 찌푸리다

038

Read Sentences》 빈칸에 단어를 순서대로 쓴 뒤 읽어 보세요.

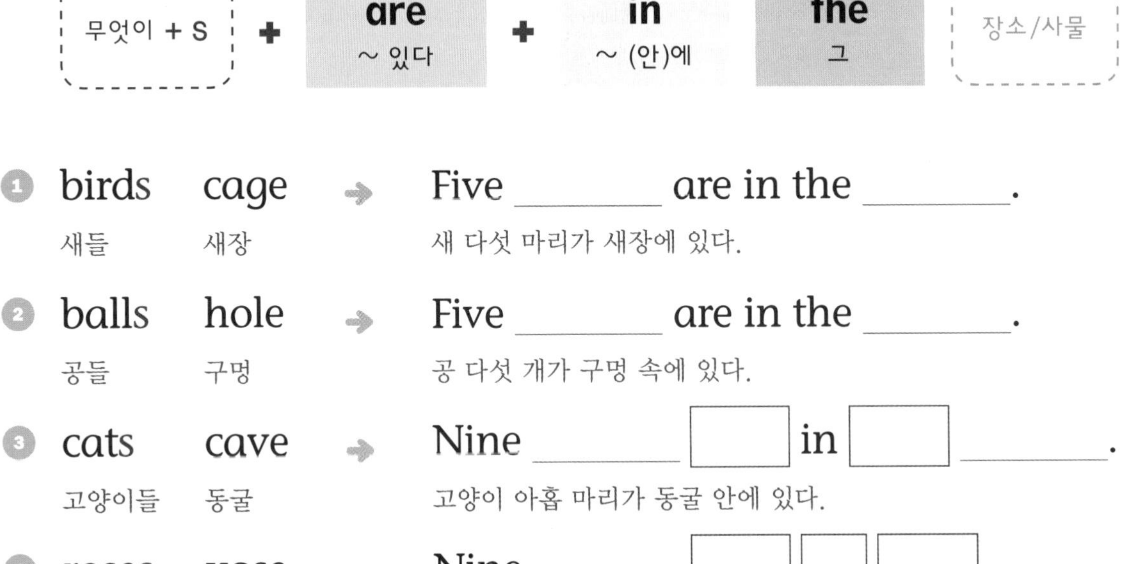

무엇이 + S + **are** ~ 있다 + **in** ~ (안)에 **the** 그 장소/사물

1. birds 새들 / cage 새장 → Five ________ are in the ________.
   새 다섯 마리가 새장에 있다.

2. balls 공들 / hole 구멍 → Five ________ are in the ________.
   공 다섯 개가 구멍 속에 있다.

3. cats 고양이들 / cave 동굴 → Nine ________ ☐ in ☐ ________.
   고양이 아홉 마리가 동굴 안에 있다.

4. roses 장미들 / vase 꽃병 → Nine ________ ☐ ☐ ☐ ________.
   장미 아홉 송이가 꽃병에 있다.

I/We 나는/우리는 + **don't** ~하지 않다 ~하다 + 무엇을

5. hide 숨기다 / face 얼굴 → I don't ________ my ________.
   나는 내 얼굴을 숨기지 않는다.

6. write 쓰다 / note 메모 → ☐ don't ________ a ________.
   나는 메모를 하지 않는다.

7. close 닫다 / gate 대문 → We ☐ ________ the ________.
   우리는 문을 닫지 않는다.

8. hate 싫어하다 / game 게임 → ☐ ☐ ________ the ________.
   우리는 그 게임을 싫어하지 않는다.

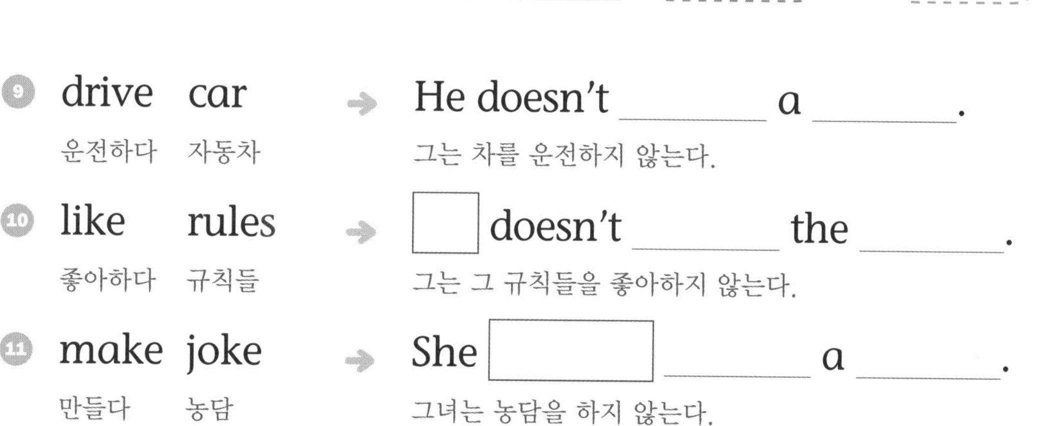

He/She 그는/그녀는 + **doesn't** ~하지 않다 + ~하다 + 무엇을

9 drive 운전하다 car 자동차 → He doesn't ______ a ______.
그는 차를 운전하지 않는다.

10 like 좋아하다 rules 규칙들 → [ ] doesn't ______ the ______.
그는 그 규칙들을 좋아하지 않는다.

11 make 만들다 joke 농담 → She [ ] ______ a ______.
그녀는 농담을 하지 않는다.

12 make 만들다 face 얼굴 → [ ] [ ] ______ a ______.
그녀는 얼굴을 찌푸리지 않는다.

It's는 It is의 **줄임말**이에요.

It's (그것은) ~이다 + **time** 시간, 때 + **to** + ~하다 + 무엇을 / ~로(장소)

13 make 만들다 start 시작 → It's time to ______ a ______.
시작할 때다[시간이다].

14 take 가지다 nap 낮잠 → [ ] time to ______ a ______.
낮잠을 잘 시간이다.

15 make 만들다 bed 침대 → It's [ ] [ ] ______ a ______.
침대를 정리할 시간이다.

16 go 가다 home 집에[으로]; 집 → [ ] [ ] [ ] ______ ______.
집에 갈 시간이다.

039

Read More》 큰 소리로 문장을 읽고, 알맞은 뜻의 기호를 써 보세요.

1. I don't like the shape. (　　)
2. We don't have time. (　　)
3. It's time to stop talking. (　　)
4. She doesn't wake up early. (　　)

ⓐ 우리는 시간이 없다.
ⓑ 나는 그 모양이 마음에 안 든다.
ⓒ 그녀는 일찍 일어나지 않는다.
ⓓ 이제 그만 말할 시간이다.

5. Nine bats are in the cave. (　　)
6. It's time to make a cake. (　　)
7. It doesn't hit the ship. (　　)
8. The dog doesn't hide its bone. (　　)

ⓔ 케이크를 만들 시간이다.
ⓕ 그 개는 자기 뼈를 숨기지 않는다.
ⓖ 그것이 배를 강타하지는 않는다.
ⓗ 박쥐 아홉 마리가 동굴 안에 있다.

040

다음 이야기들을 먼저 읽고, 다시 들어 보세요.

Five cats are in the cave.
They don't hide.
They don't *bite.
It's time to feed the cats.

*bite 물다

My *brother doesn't wake up **early**.
He doesn't have time.
But he doesn't run.
It's time to *go to school!

*brother 남동생, 형, 오빠 go to school 학교에 가다

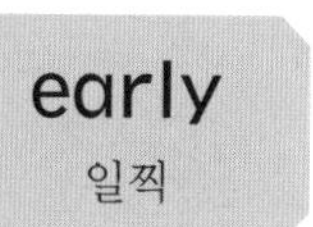

Day 11

I see four horses in the farm.

나는 농장에서 말 네 마리를 봐요.

✓Check Point

● **문장 속 파닉스**

모음 뒤에 r이 오면 소리가 달라져요. 혀끝을 말아서 발음해요.

단모음 →	a [애]	e [에]	i [이]	o [아]	u [어]
+ r	⇩	⇩	⇩	⇩	⇩
	ar [아알]	er [어얼]	ir [어얼]	or [오얼]	ur [어얼]

● **문장 속 사이트워드**

doesn't	see	four	that	for
~하지 않다	보다	4, 넷	저	~을 위한

041

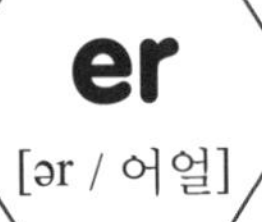

Read Words》 단어를 먼저 읽고, 듣고 다시 따라 읽어 보세요.

ar [ɑːr / 아알]

car jar bark card cart dark dart

farm hard park yard large shark sharp

er [ər / 어얼]

river water winter hunter farmer silver

ir [ɜːr / 어얼]

girl bird dirty

ur [ɜːr / 어얼]

burn purse purple

or [ɔːr / 오얼]

corn fork horn pork torn short storm torch

Read Phrases》 그림에 맞는 표현을 찾아 선으로 연결해 보세요.

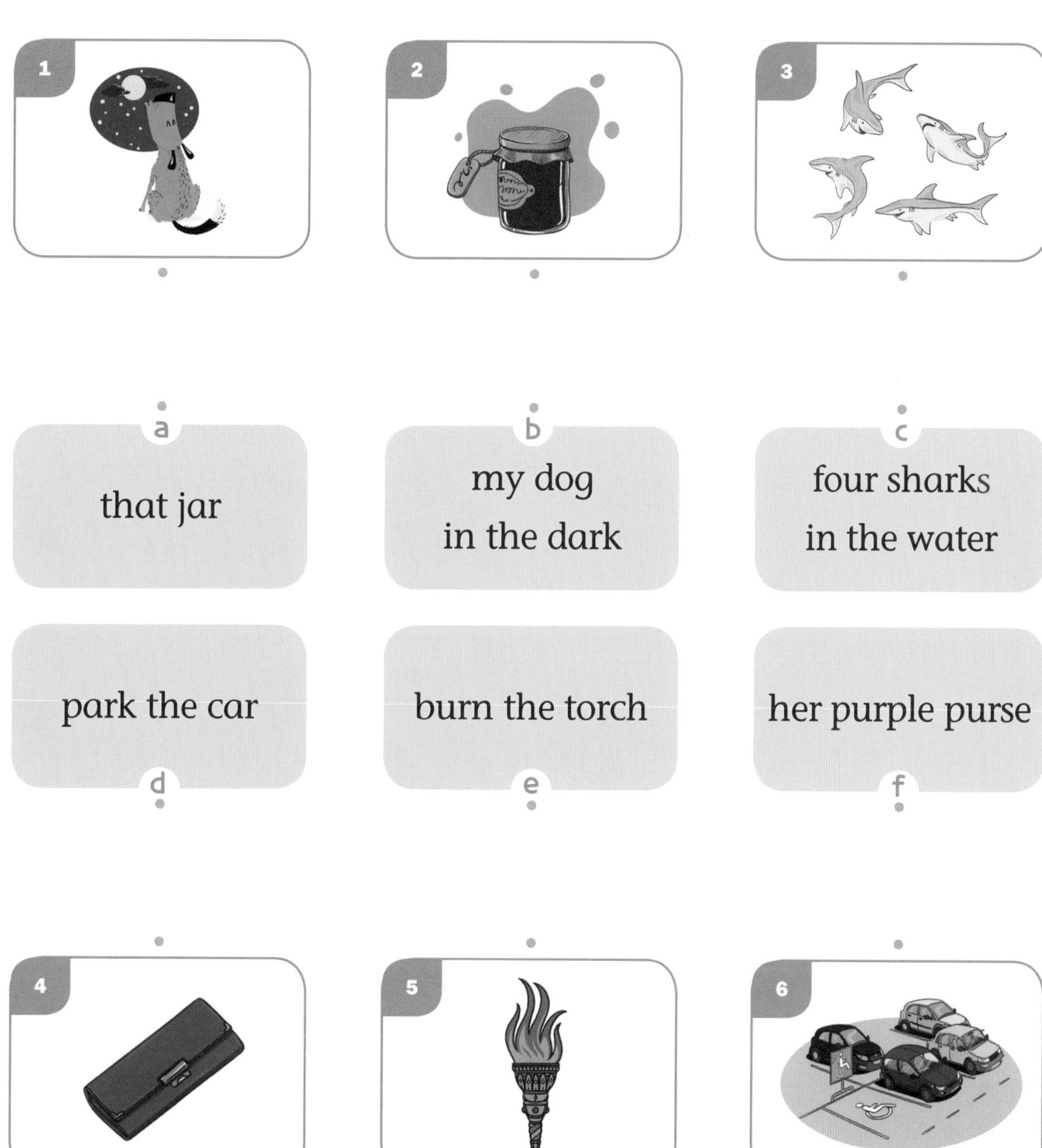

Words

jar (잼 등을 담아 두는) 병　**dark** 어둠; 어두운　**park** 주차하다

burn 태우다　**purple** 보라색(의)　**purse** (여성용 작은) 지갑

042

Read Sentences» 빈칸에 단어를 순서대로 쓴 뒤 읽어 보세요.

Her/This 그녀의/이 | 사물/동물 + **is** ~이다 + ~한

1. hair 머리카락 / short 짧은 → Her ________ is ________.
   그녀의 머리카락은 짧다.

2. shirt 셔츠 / torn 찢어진 → ☐ ________ is ________.
   그녀의 셔츠는 찢어졌다.

3. fork 포크 / silver 은색의 → This ________ ☐ ________.
   이 포크는 은색이다.

4. horn 뿔 / hard 단단한 → This ________ ☐ ________.
   이 뿔은 단단하다.

5. yard 마당 / dirty 더러운 → ☐ ________ ☐ ________.
   이 마당은 더럽다.

That 저 | 사물/동물 + **is** ~이다 + **for** ~을 위한 | 사람/동물

6. jar 병, 단지 / girl 소녀 → That ________ is for the ________.
   저 병은 그 소녀를 위한 것이다.

7. pork 돼지고기 / hunter 사냥꾼 → That ________ is ☐ the ________.
   저 돼지고기는 사냥꾼을 위한 것이다[사냥꾼에게 줄 것이다].

8. corn 옥수수 / farmer 농부 → ☐ ________ ☐ ☐ the ________.
   저 옥수수는 농부를 위한 것이다[농부에게 줄 것이다].

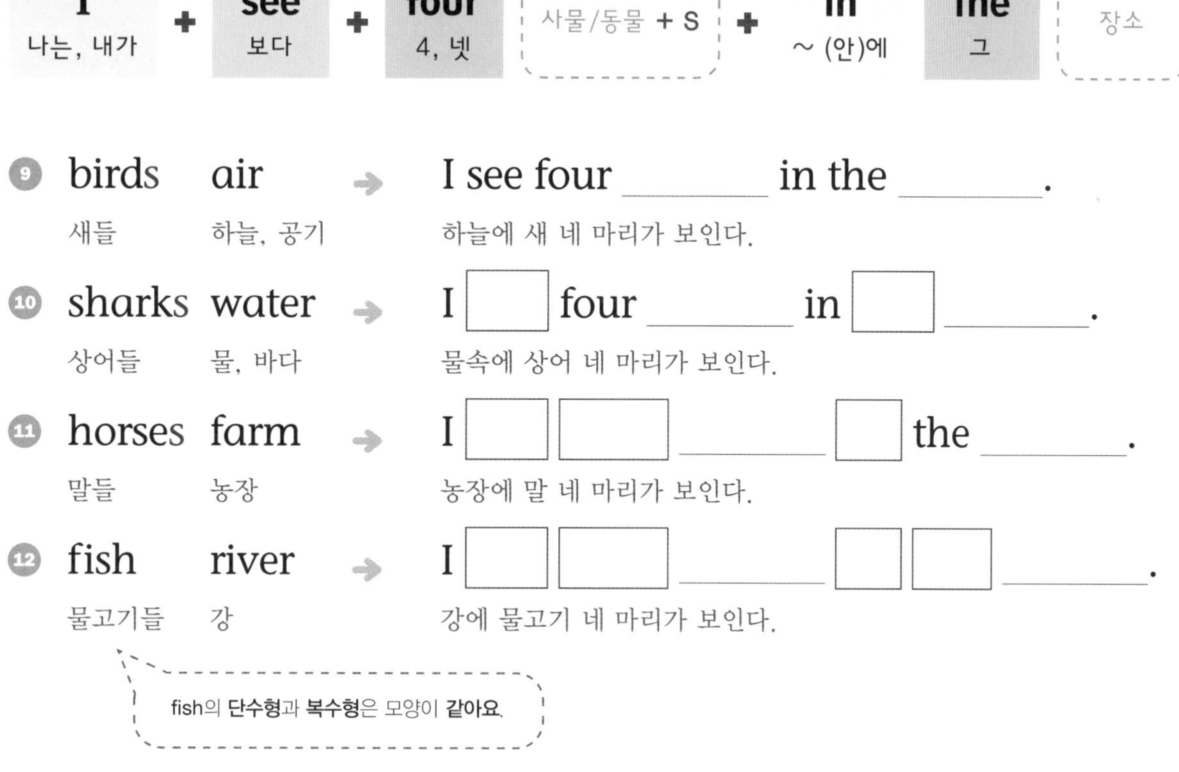

I 나는, 내가	+	see 보다	+	four 4, 넷	사물/동물 + S	+	in ~ (안)에	the 그	장소

9 birds air → I see four ______ in the ______.
새들 하늘, 공기 — 하늘에 새 네 마리가 보인다.

10 sharks water → I [ ] four ______ in [ ] ______.
상어들 물, 바다 — 물속에 상어 네 마리가 보인다.

11 horses farm → I [ ] [ ] ______ [ ] the ______.
말들 농장 — 농장에 말 네 마리가 보인다.

12 fish river → I [ ] [ ] ______ [ ] [ ] ______.
물고기들 강 — 강에 물고기 네 마리가 보인다.

fish의 **단수형**과 **복수형**은 모양이 **같아요.**

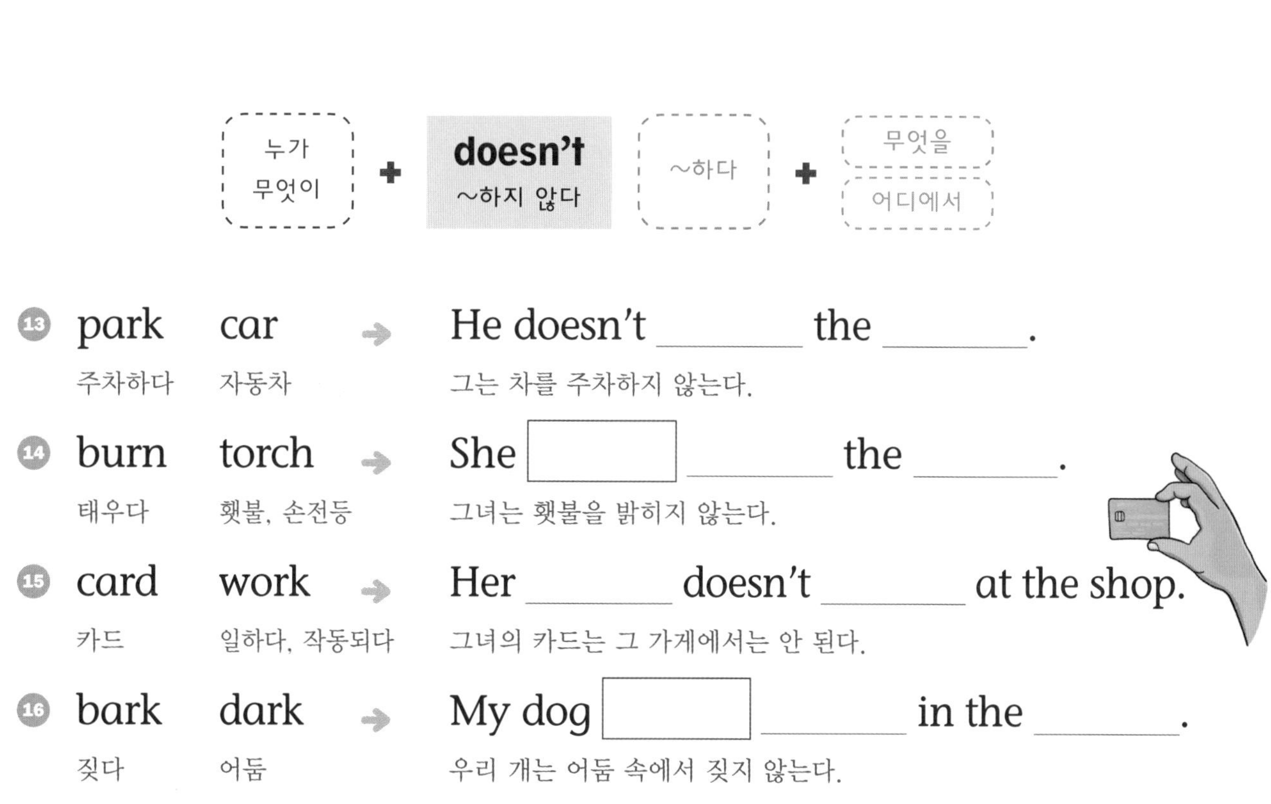

누가 무엇이	+	doesn't ~하지 않다	~하다	+	무엇을 어디에서

13 park car → He doesn't ______ the ______.
주차하다 자동차 — 그는 차를 주차하지 않는다.

14 burn torch → She [ ] ______ the ______.
태우다 횃불, 손전등 — 그녀는 횃불을 밝히지 않는다.

15 card work → Her ______ doesn't ______ at the shop.
카드 일하다, 작동되다 — 그녀의 카드는 그 가게에서는 안 된다.

16 bark dark → My dog [ ] ______ in the ______.
짖다 어둠 — 우리 개는 어둠 속에서 짖지 않는다.

043

Read More》 큰 소리로 문장을 읽고, 알맞은 뜻의 기호를 써 보세요.

1 The park isn't large. (　　)

2 This dart is sharp. (　　)

3 Her purse is dark purple. (　　) *dark 짙은, 어두운

4 That horn is for Mark. (　　)

ⓐ 그녀의 지갑은 짙은 보라색이다. ⓑ 그 공원은 크지 않다.
ⓒ 저 뿔은 마크를 위한 것이다. ⓓ 이 다트는 날카롭다.

5 I see four jars in the box. (　　)

6 He doesn't play in the park. (　　)

7 She doesn't eat corn. (　　)

8 I see four cars in the yard. (　　)

ⓔ 그는 공원에서 놀지 않는다. ⓕ 마당에 차 네 대가 보인다.
ⓖ 상자 안에 병 네 개가 보인다. ⓗ 그녀는 옥수수를 먹지 않는다.

044

다음 이야기들을 먼저 읽고, 다시 들어 보세요.

I see a horse in the farm.
I see four corn carts.
The horse doesn't **eat** corn.
The corn is for birds.
They **love** to eat corn.

B

Bert is in the *barn.
It is very dark in the farm.
He sees **many** stars in the sky.
They are so *beautiful.

*barn 헛간 beautiful 아름다운

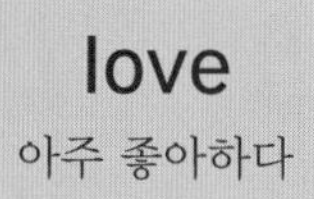

Day 12

We all needed cold water.

우리는 모두 차가운 물이 필요했어요.

Check Point

• **문장 속 규칙** 동사 뒤에 -ed를 붙이는 경우

동사 뒤에 -ed를 붙이면 '~했다'로 과거의 일을 나타내요.

예 want + ed → wanted　　cook + ed → cooked
원하다　원했다　　요리하다　요리했다

▲ 주의할 점 -ed는 [d], [t], [ɪd] 3가지로 발음해요.

• **문장 속 사이트워드**

all	wanted	needed	again	with
모두	원했다	필요했다	다시, 또	~와 (함께)

045

Learn the Rule》 다음을 듣고, 빈칸에 〈동사+ed〉 표현을 써 보세요.

+ed [d / ㄷ]

1. play → played　놀다　놀았다
2. turn → ______　돌리다　돌렸다
3. pray → ______　기도하다　기도했다

+ed [t / ㅌ]

4. help → ______　돕다　도왔다
5. fix → ______　고치다　고쳤다
6. kick → ______　(발로) 차다　(발로) 찼다
7. work → ______　일하다　일했다
8. laugh → ______　(소리 내어) 웃다　(소리 내어) 웃었다

+ed [ɪd / 이ㄷ]

9. want → ______　원하다　원했다
10. need → ______　필요로 하다　필요로 했다
11. hunt → ______　사냥하다　사냥했다

Read Phrases》 그림에 맞는 표현을 찾아 선으로 연결해 보세요.

1

2

3

a fixed his car

b played the game

c with his dogs

d a hot bath

e kicked the door

f with the farmers

4

5

6

Words

hot bath 뜨거운 목욕　　farmers 농부들

046

Read Sentences》 빈칸에 단어를 순서대로 쓴 뒤 읽어 보세요.

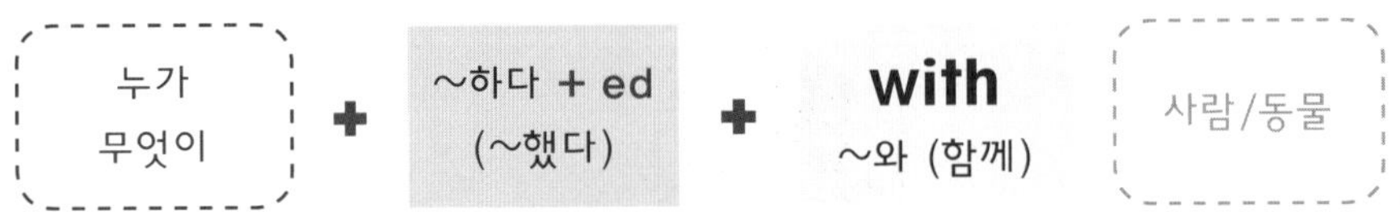

1. played 놀았다 / kids 아이들 → I ______ with the ______.
   나는 그 아이들과 놀았다.

2. hunted 사냥했다 / dogs 개들 → He ______ with his ______.
   그는 자기 개들과 함께 사냥했다.

3. laughed 웃었다 / wife 아내 → He ______ ☐ his ______.
   그는 자기 아내와 함께 웃었다.

4. worked 일했다 / farmers 농부들 → We ______ ☐ the ______.
   우리는 그 농부들과 일했다.

He 그는 + ~하다 + ed (~했다) + 무엇을 + **again** 다시, 또

5. fixed 고쳤다 / car 차 → He ______ his ______ again.
   그는 차를 다시 고쳤다.

6. washed 씻었다 / arms 팔들 → ☐ ______ his ______ again.
   그는 다시 팔을 씻었다.

7. helped 도왔다 / doctor 의사 → He ______ the ______ ☐.
   그는 그 의사를 또 도왔다.

8. kicked (발로) 찼다 / door 문 → ☐ ______ the ______ ☐.
   그는 다시 문을 발로 찼다.

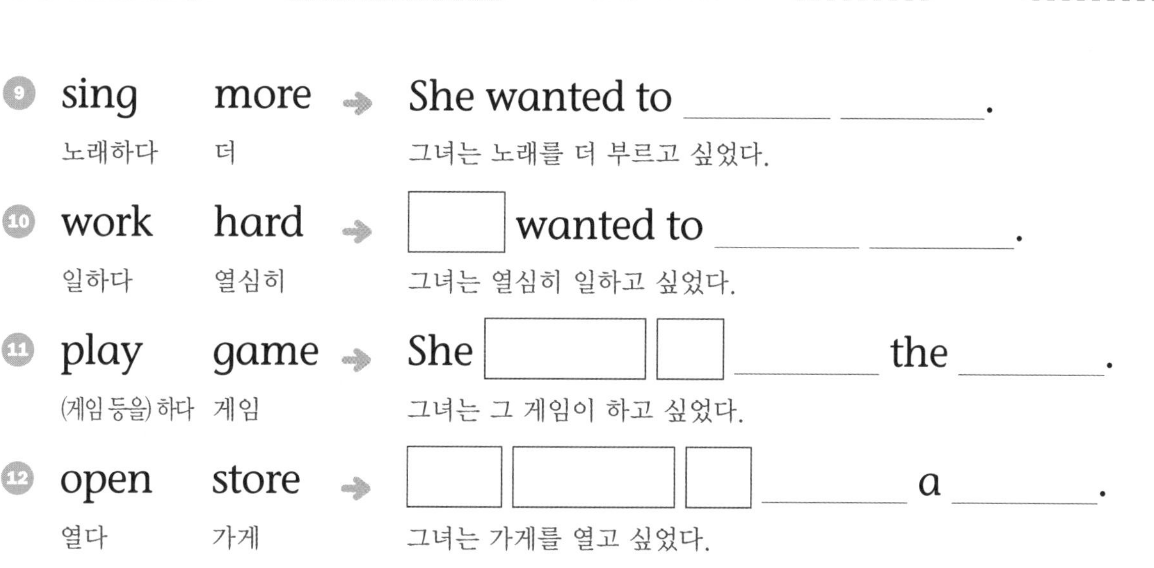

She 그녀는 + **wanted** 원했다 + **to** + ~하다 + ~하게 / 무엇을

9 sing 노래하다 / more 더 → She wanted to ________ ________.
그녀는 노래를 더 부르고 싶었다.

10 work 일하다 / hard 열심히 → [ ] wanted to ________ ________.
그녀는 열심히 일하고 싶었다.

11 play (게임 등을) 하다 / game 게임 → She [ ] [ ] ________ the ________.
그녀는 그 게임이 하고 싶었다.

12 open 열다 / store 가게 → [ ] [ ] [ ] ________ a ________.
그녀는 가게를 열고 싶었다.

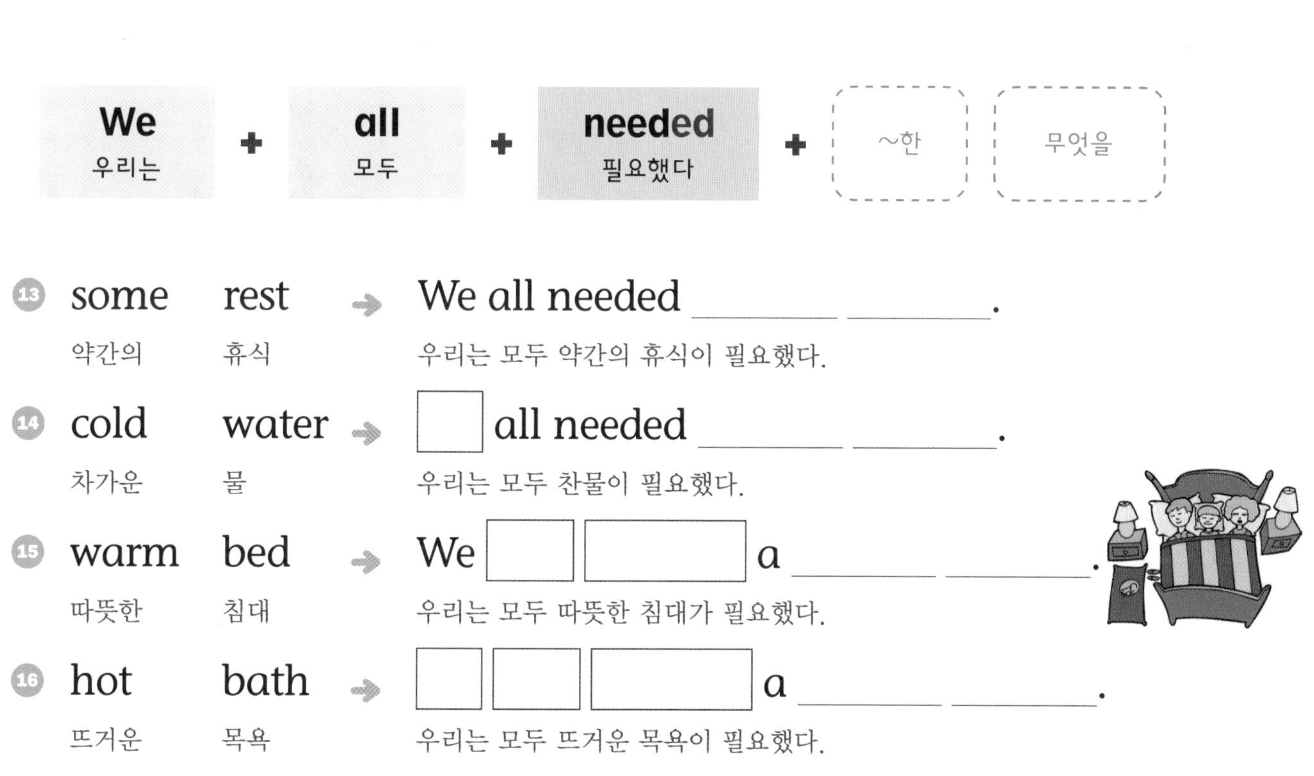

We 우리는 + **all** 모두 + **needed** 필요했다 + ~한 / 무엇을

13 some 약간의 / rest 휴식 → We all needed ________ ________.
우리는 모두 약간의 휴식이 필요했다.

14 cold 차가운 / water 물 → [ ] all needed ________ ________.
우리는 모두 찬물이 필요했다.

15 warm 따뜻한 / bed 침대 → We [ ] [ ] a ________ ________.
우리는 모두 따뜻한 침대가 필요했다.

16 hot 뜨거운 / bath 목욕 → [ ] [ ] [ ] a ________ ________.
우리는 모두 뜨거운 목욕이 필요했다.

047

Read More》 큰 소리로 문장을 읽고, 알맞은 뜻의 기호를 써 보세요.

1 Dad hunted with me. (   )

2 He played with his dogs. (   )

3 We all needed warm water. (   )

4 She wanted to wear her dress. (   )

ⓐ 그녀는 자기 드레스를 입고 싶었다.
ⓑ 아빠는 나와 사냥을 했다.
ⓒ 그는 그의 개들과 놀았다.
ⓓ 우리는 모두 따뜻한 물이 필요했다.

5 He cooked lunch for me. (   )

6 I worked with him again. (   )

7 He washed his hair again. (   )

8 They all needed some fresh air. (   )

ⓔ 그는 머리를 다시 감았다.
ⓕ 그들은 모두 신선한 공기가 좀 필요했다.
ⓖ 그는 나를 위해 점심을 요리했다.
ⓗ 나는 그와 다시 일했다.

048

다음 이야기들을 먼저 읽고, 다시 들어 보세요.

We played in the park.
We laughed *with joy.
We wanted to play more.
We all needed some rest.

*with joy 기뻐서

B

Dad wanted to fix some chairs.
I fixed the chairs with Dad.
Mom cooked lunch for **us**.
***After** lunch, I helped Dad again.

*after lunch 점심을 먹은 후에

Day 13 Spread jam on the bread.

빵에 잼을 펴 발라라.

☑Check Point

• 문장 속 파닉스

자음이 세 개 연속해서 나오는 경우에는 각 글자가 모두 소리를 내요.

예 scr-, spl-, spr-, str-, thr- *thr-의 th는 [θ]로 발음

• 문장 속 사이트워드

that	this	will	try	a
저것	이것	~할 것이다	노력하다	하나의

Read Words» 단어를 먼저 읽고, 듣고 다시 따라 읽어 보세요.

049

scr- screw scrub scroll scream screen scratch

spl- splash split

spr- spray spring spread

str- stray straw stress street string strong strange stretch

thr- three throw thread throat

Read Phrases》 그림에 맞는 표현을 찾아 선으로 연결해 보세요.

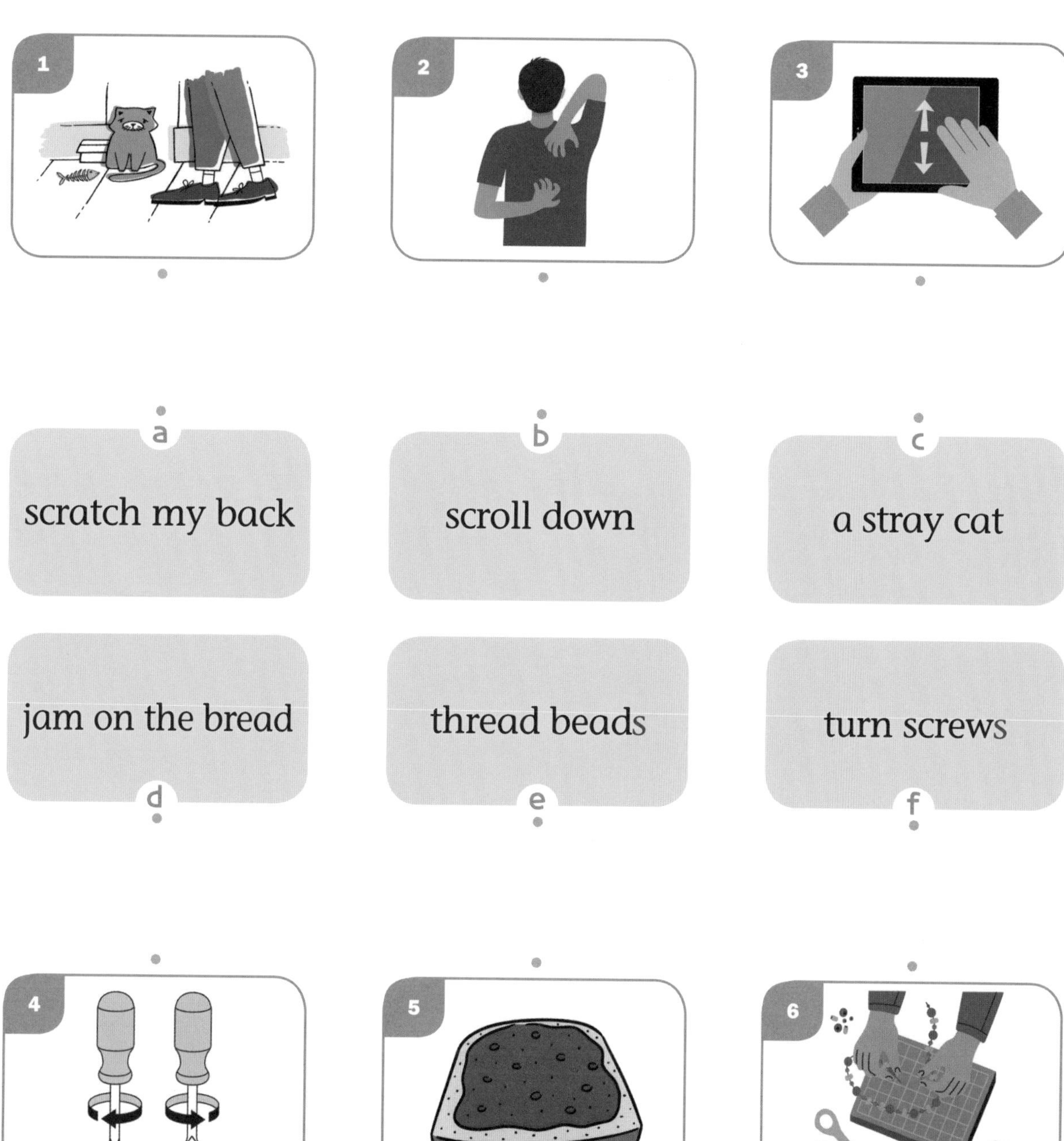

Words

scratch 긁다 back 등 scroll (컴퓨터) 스크롤하다, 화면을 이동하다 down 아래로
stray 길을 잃은 thread (실 등을) 꿰다 beads 구슬들 screws 나사들

050

Read Sentences》 빈칸에 단어를 순서대로 쓴 뒤 읽어 보세요.

This/That 이것은/저것은 + **is** ~이다 + **a** 하나의 + ~한 + 사물/동물

1. strong 강한 / spring 용수철, 스프링 → This is a ________ ________.
   이것은 강한 용수철이다.
2. strange 이상한 / straw 빨대 → ☐ is ☐ ________ ________.
   이것은 이상한 빨대다.
3. stray 길 잃은 / cat 고양이 → That is a ________ ________.
   저것은 길 잃은 고양이다.
4. slow 느린 / snail 달팽이 → ☐ is ☐ ________ ________.
   저것은 느린 달팽이이다.

문장 앞에 동사(~하다)가 먼저 나오면 **'~해라'**라는 의미예요.

~하다 + 무엇을 + (장소)

문장 맨 앞에 쓸 때는 대문자로 시작해요.

5. Scrub 문지르다 / stain 얼룩 → ________ the ________.
   얼룩을 문질러라.
6. Stretch 늘이다 / arms 팔들 → ________ your ________.
   네 팔을 쭉 뻗어라.
7. Scratch 긁다 / back 등 → ________ my ________.
   내 등 좀 긁어 줘라.
8. Spread (얇게 펴) 바르다 / jam 잼 → ________ ________ on the bread.
   빵에 잼을 펴 발라라.

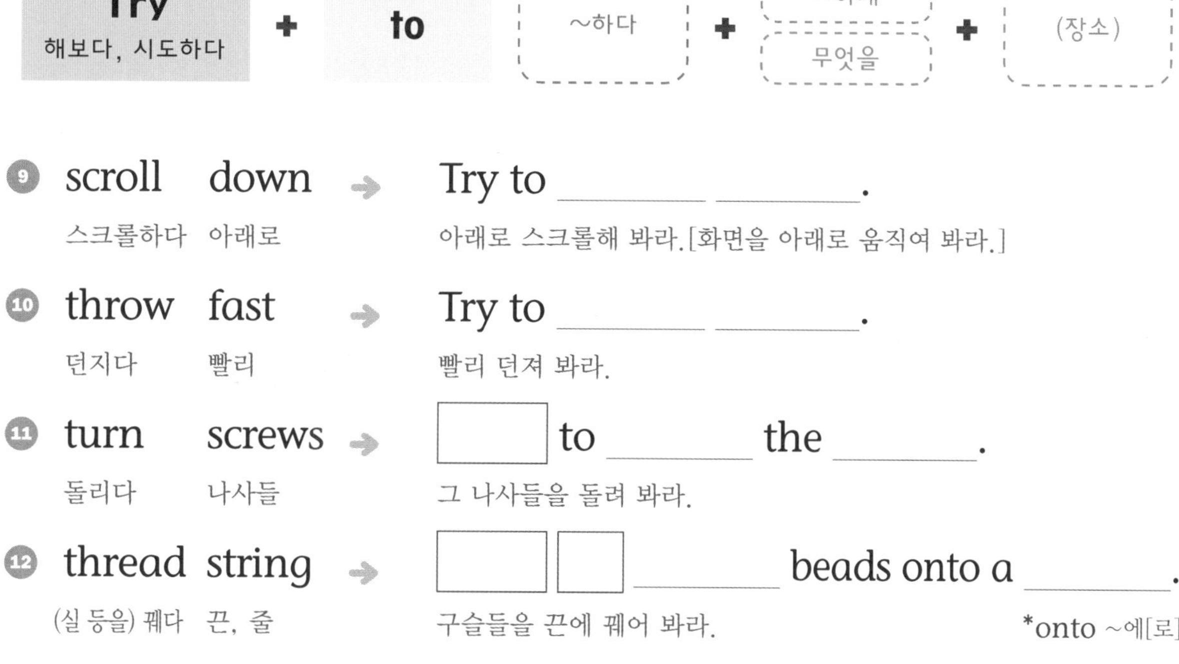

Try 해보다, 시도하다 + **to** + ~하다 + ~하게 / 무엇을 + (장소)

9 scroll down → Try to ________ ________.
스크롤하다 아래로 / 아래로 스크롤해 봐라. [화면을 아래로 움직여 봐라.]

10 throw fast → Try to ________ ________.
던지다 빨리 / 빨리 던져 봐라.

11 turn screws → ☐ to ________ the ________.
돌리다 나사들 / 그 나사들을 돌려 봐라.

12 thread string → ☐ ☐ ________ beads onto a ________.
(실 등을) 꿰다 끈, 줄 / 구슬들을 끈에 꿰어 봐라. *onto ~에[로]

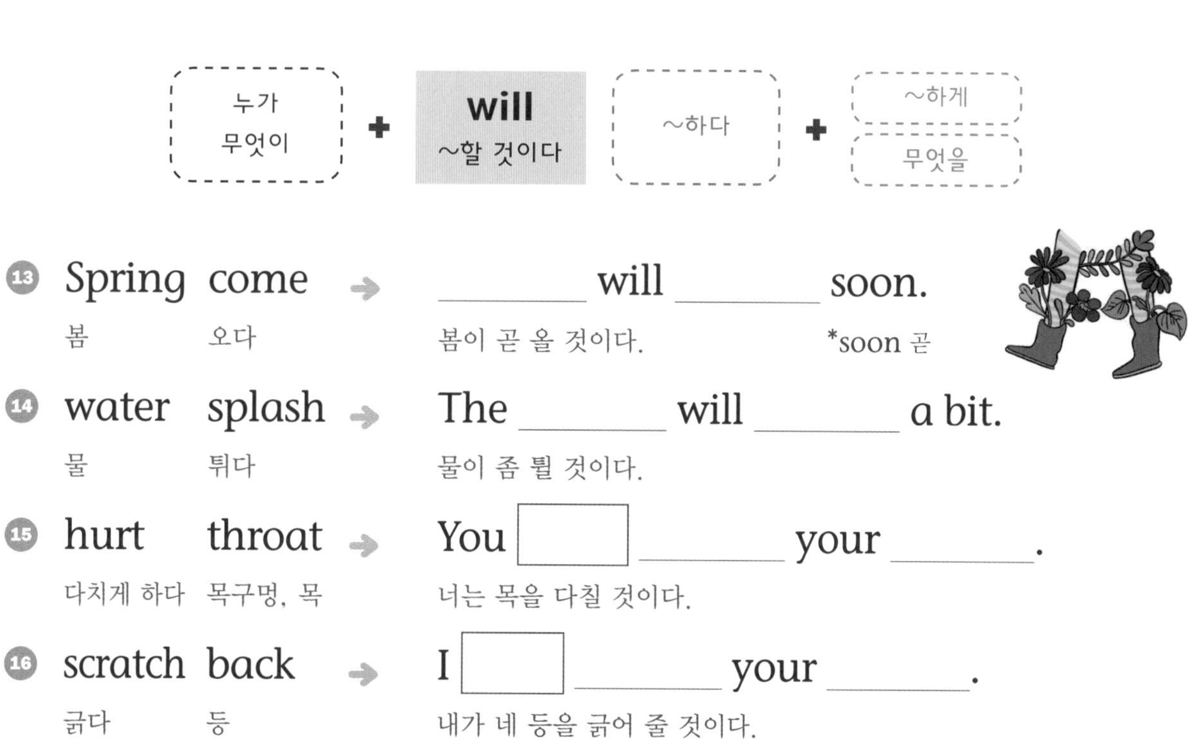

누가 / 무엇이 + **will** ~할 것이다 + ~하다 + ~하게 / 무엇을

13 Spring come → ________ will ________ soon.
봄 오다 / 봄이 곧 올 것이다. *soon 곧

14 water splash → The ________ will ________ a bit.
물 튀다 / 물이 좀 튈 것이다.

15 hurt throat → You ☐ ________ your ________.
다치게 하다 목구멍, 목 / 너는 목을 다칠 것이다.

16 scratch back → I ☐ ________ your ________.
긁다 등 / 내가 네 등을 긁어 줄 것이다.

051

Read More》 큰 소리로 문장을 읽고, 알맞은 뜻의 기호를 써 보세요.

1. This is a strong hair spray. (　　)
2. You will use three screws. (　　)
3. Try to eat some street food. (　　)
4. Try to see stars in the sky. (　　)

ⓐ 길거리 음식 좀 먹어 봐라.
ⓑ 너는 나사 3개를 사용할 것이다.
ⓒ 하늘에 있는 별들을 봐 봐라.
ⓓ 이건 강력한 헤어스프레이다.

5. The cat will scratch you. (　　)
6. That is a loud scream for help. (　　)
7. Scroll down to the first line. (　　) *first 첫 번째의 line (글의) 행
8. It will ease your stress. (　　) *ease (고통 등을) 덜어 주다

ⓔ 저건 도와달라는 큰 비명 소리이다.
ⓕ 그것이 네 스트레스를 덜어 줄 것이다.
ⓖ 그 고양이가 너를 할퀼 것이다.
ⓗ 첫 번째 행까지 아래로 스크롤해라.

052

다음 이야기들을 먼저 읽고, 다시 들어 보세요.

That is a stray cat.
The cat will scratch you.
Try to scratch **its** back *slowly.
The cat will like you.

*slowly 천천히

B

Try to see the stars on the screen.
Stretch **your** arms and legs.
Spread jam on the bread.
It will *blow your *stress away.

*blow away 날려 버리다 stress 스트레스

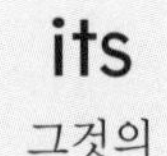

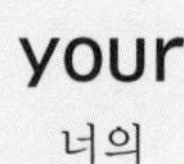

Day 14 He smiled and waved back.

그는 웃으면서 손을 흔들었어요.

✓Check Point

• **문장 속 규칙** 동사 뒤에 -d를 붙이는 경우

동사 뒤에 -ed를 붙이면 과거를 나타내요. 그런데 e로 끝나는 동사는 뒤에 -d만 붙여도 과거를 나타내게 돼요.

예 want + ed → wanted (원하다 → 원했다) love + d → loved (사랑하다 → 사랑했다)

▲주의할 점 -d를 붙이는 경우는 모두 [d]로 발음해요.

• **문장 속 사이트워드**

liked	hope	hoped	yesterday	and
좋아했다	바라다	바랐다	어제	그리고, ~와

053

Learn the Rule》 다음을 듣고, 빈칸에 〈동사+d〉 표현을 써 보세요.

1. bake → baked
   굽다 구웠다
2. care → ______
   돌보다 돌보았다
3. close → ______
   닫다 닫았다
4. hope → ______
   바라다 바랐다
5. like → ______
   좋아하다 좋아했다
6. live → ______
   살다 살았다
7. love → ______
   사랑하다 사랑했다
8. move → ______
   움직이다 움직였다
9. save → ______
   구하다 구했다
10. smile → ______
    웃다 웃었다
11. use → ______
    사용하다 사용했다
12. wave → ______
    (손을) 흔들다 (손을) 흔들었다

Read Phrases》 그림에 맞는 표현을 찾아 선으로 연결해 보세요.

1

2

3

a saved my life

b smiled and waved back

c shop at the store

d fly in space

e win the prize

f play on the swing

4

5

6

Words

waved back 손을 흔들었다 shop 쇼핑하다, (물건을) 사다 space 우주
win (경기에 이겨서 무엇을) 따다, 이기다 prize 상, 상품 swing 그네

054

Read Sentences》 빈칸에 단어를 순서대로 쓴 뒤 읽어 보세요.

누가 + ~하다 + d (~했다) + 무엇을 + **yesterday** 어제

1. baked 구웠다 / cake 케이크 → I ________ a ________ yesterday.
   나는 어제 케이크를 구웠다.
2. saved 구했다 / life 목숨 → He ________ my ________ yesterday.
   그가 어제 내 목숨을 구했다.
3. closed 닫았다 / door 문 → She ________ the ________ [   ].
   그녀가 어제 문을 닫았다.
4. used 사용했다 / car 자동차 → They ________ the ________ [   ].
   그들이 어제 그 차를 사용했다.

누가 + ~하다 + d (~했다) + **and** 그리고 + ~하다 + d (~했다)

5. smiled 웃었다 / waved (손을) 흔들었다 → He ________ and ________ back.
   그는 웃으며 손을 흔들었다.
6. sat 앉았다 / closed 감았다 → She ________ and ________ her eyes.
   그녀는 앉아서 눈을 감았다.
7. loved 사랑했다 / cared 돌봤다 → They ________ [   ] ________ for us.
   그들은 우리를 사랑하고 돌봐 주었다. *care for ~을 돌보다
8. left 떠났다 / moved 이사했다 → They ________ [   ] ________ to New York.
   그들은 떠났고 뉴욕으로 이사했다.

sat, left처럼 **-ed, -d를 붙이지 않고 과거를 나타내는 동사**도 있어요.

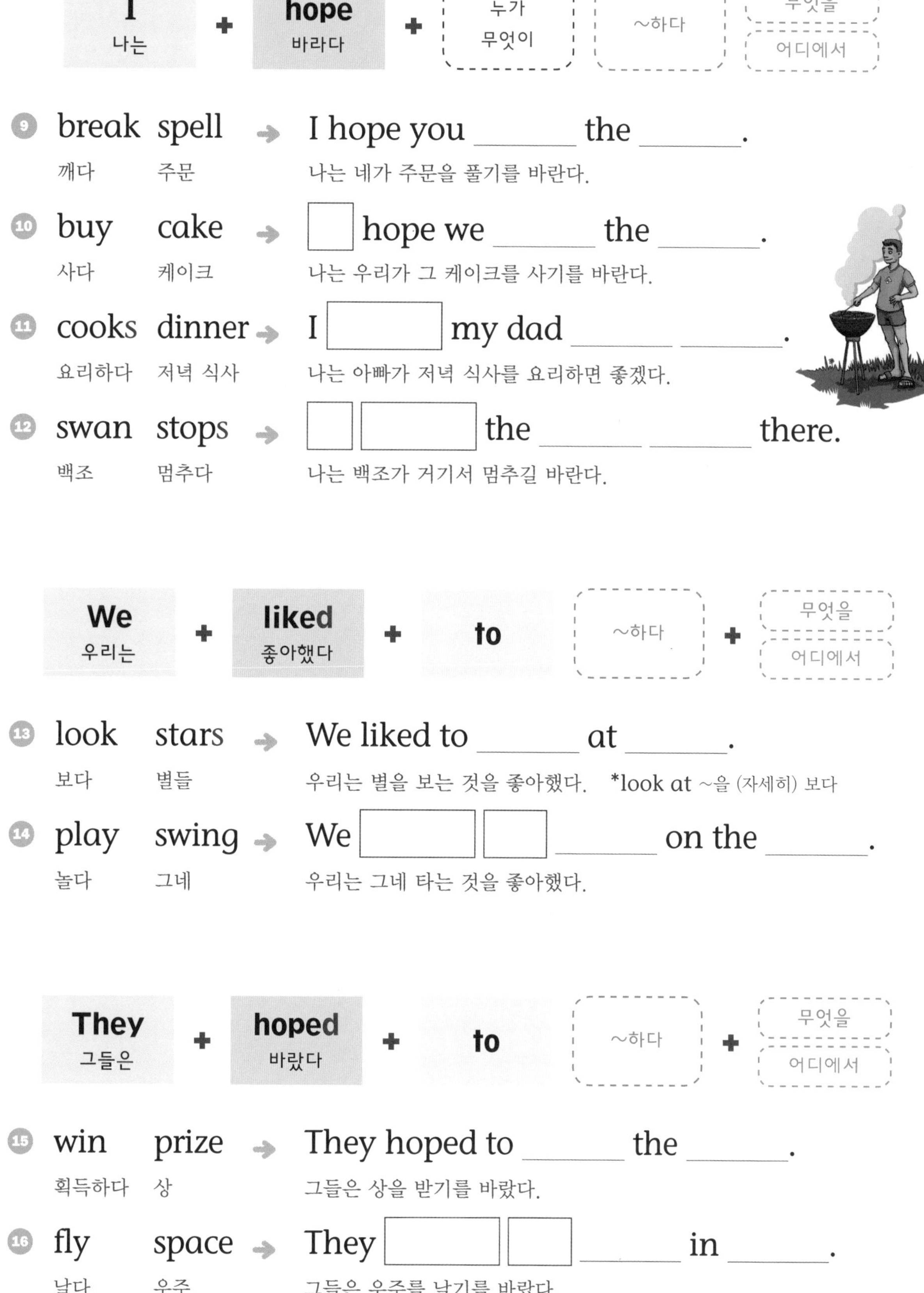

I 나는	+	hope 바라다	+	누가 무엇이	~하다	무엇을 / 어디에서

9 break 깨다 spell 주문 → I hope you ______ the ______.
나는 네가 주문을 풀기를 바란다.

10 buy 사다 cake 케이크 → [ ] hope we ______ the ______.
나는 우리가 그 케이크를 사기를 바란다.

11 cooks 요리하다 dinner 저녁 식사 → I [ ] my dad ______ ______.
나는 아빠가 저녁 식사를 요리하면 좋겠다.

12 swan 백조 stops 멈추다 → [ ] [ ] the ______ ______ there.
나는 백조가 거기서 멈추길 바란다.

We 우리는	+	liked 좋아했다	+	to	~하다	+	무엇을 / 어디에서

13 look 보다 stars 별들 → We liked to ______ at ______.
우리는 별을 보는 것을 좋아했다. *look at ~을 (자세히) 보다

14 play 놀다 swing 그네 → We [ ] [ ] ______ on the ______.
우리는 그네 타는 것을 좋아했다.

They 그들은	+	hoped 바랐다	+	to	~하다	+	무엇을 / 어디에서

15 win 획득하다 prize 상 → They hoped to ______ the ______.
그들은 상을 받기를 바랐다.

16 fly 날다 space 우주 → They [ ] [ ] ______ in ______.
그들은 우주를 날기를 바랐다.

055

Read More》 큰 소리로 문장을 읽고, 알맞은 뜻의 기호를 써 보세요.

1. She baked some cookies yesterday. (　　) *cookies 쿠키들, 과자들
2. He closed the book and slept. (　　) *slept (잠을) 잤다
3. She cared for her kids yesterday. (　　)
4. They liked to cook dinner. (　　)

ⓐ 그는 책을 덮고 잤다.
ⓑ 그녀는 어제 쿠키를 좀 구웠다.
ⓒ 그들은 저녁 식사 요리하는 것을 좋아했다.
ⓓ 그녀는 어제 자기 아이들을 돌보았다.

5. I hope he screams there. (　　)
6. They moved to London yesterday. (　　)
7. They lived and died together. (　　) *together 함께
8. We liked to stare at the screen. (　　) *stare at ~을 응시하다

ⓔ 그들은 함께 살다가 죽었다.
ⓕ 나는 그가 거기에서 비명을 지르길 바란다.
ⓖ 그들은 어제 런던으로 이사했다.
ⓗ 우리는 그 화면을 응시하는 것을 좋아했다.

056

다음 이야기들을 먼저 읽고, 다시 들어 보세요.

Lin liked to have a party.
She baked a birthday cake yesterday.
The big party *was **over**.
She sat and closed her eyes.

*was over 끝났다

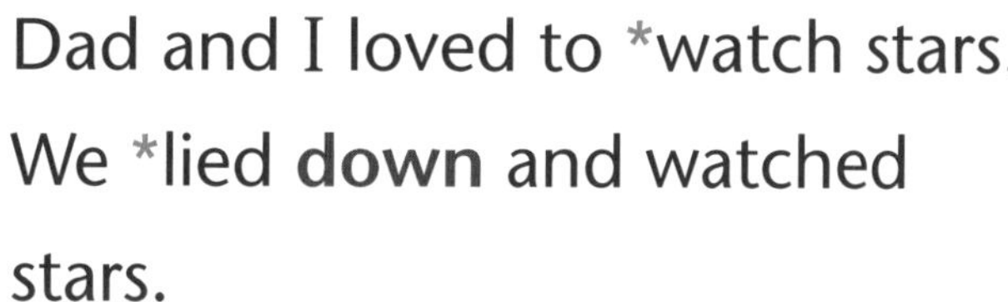

Dad and I loved to *watch stars.
We *lied **down** and watched stars.
He smiled and I smiled back.
I hope to fly in space.

*watch 유심히 살펴보다 lied down 누웠다

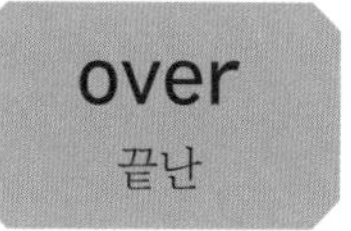

Day 15

When will you ride the bike?

당신은 언제 자전거를 탈 건가요?

✔Check Point

• 문장 속 파닉스

단어 중 소리가 나지 않는 글자를 '묵음(silent letter)'이라고 해요.

예 • kn에서는 k 소리가 안 나고 [n/ㄴ]로 발음해요.

knee ~~[ㅋ]~~ + [ㄴ] + [이-]

• wr에서는 w 소리가 안 나고 [ㄹ/뤄]로 발음해요.

wrap ~~[워]~~ + [뤄] + [애] + [ㅍ]

• 문장 속 사이트워드

can	should	often	very
~할 수 있다	~해야 한다	종종, 자주	매우

057

Read Words》 단어를 먼저 읽고, 듣고 다시 따라 읽어 보세요.

silent b: bomb comb lamb tomb

silent h: ghost school

silent k: knee knit knob knot know knife knock knight

silent l: walk talk

silent t: listen watch fasten

silent w: wrap wrist write wrong

silent gh: light night right tight bright

Read Phrases》 그림에 맞는 표현을 찾아 선으로 연결해 보세요.

Words

turn off 끄다, 꺼지다 light 전등 brave 용감한 fasten 매다, 채우다
seat belt 안전벨트 knock 두드리다 comb 빗다 wrap 포장하다

Read Sentences》 빈칸에 단어를 순서대로 쓴 뒤 읽어 보세요.

The 그	사물/사람	+	is ~이다	+	very 매우, 아주	~한

1 knot 매듭 / tight 꽉 조여 있는 → The ______ is very ______.
그 매듭은 매우 꽉 조여 있다.

2 knife 칼 / sharp 날카로운 → The ______ is very ______.
그 칼은 매우 날카롭다.

3 knight 기사 / brave 용감한 → ☐ ______ is ☐ ______.
그 기사는 매우 용감하다.

4 light 빛 / bright 밝은 → ☐ ______ ☐ ☐ ______.
불빛이 매우 밝다.

We 우리는	+	often 종종, 자주	+	~하다	+	무엇을 / 어디에서

5 knock 두드리다 / door 문 → We often ______ the ______.
우리는 종종 문을 두드린다.

6 listen (귀기울여) 듣다 / music 음악 → We often ______ to ______.
우리는 종종 음악을 듣는다. *listen to ~을 귀기울여 듣다

7 write 쓰다 / name 이름 → ☐ often ______ our ______.
우리는 종종 우리 이름을 쓴다.

8 walk 걷다 / park 공원 → ☐ ☐ ______ in the ______.
우리는 종종 공원에서 걷는다.

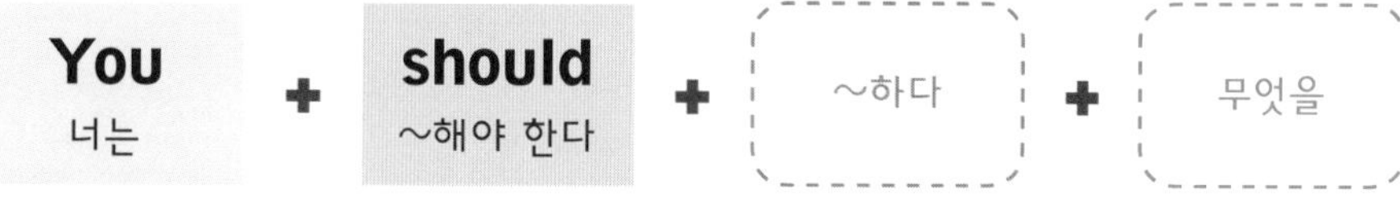

9 climb tree → You should ______ the ______.
올라가다 나무 너는 나무에 올라가야 한다.

10 know name → You should ______ his ______.
알다 이름 너는 그의 이름을 알아야 한다.

11 watch mouth → You [ ] ______ your ______.
조심하다 입 너는 입을 조심해야 한다.

12 fasten belt → [ ] [ ] ______ the seat ______.
매다 벨트 너는 안전벨트를 매야 한다.

13 wrap gift → Can you ______ this ______?
싸다 선물 이 선물을 포장해 줄 수 있어?

14 fix knob → Can you ______ this ______?
고치다 손잡이 이 손잡이를 고쳐 줄 수 있어?

15 turn light → [ ] you ______ off the ______?
끄다(off) 전등, 불 전등을 좀 꺼 줄래?

16 comb hair → [ ] [ ] ______ my ______?
빗다 머리카락 내 머리를 좀 빗어 줄래?

Read More》 큰 소리로 문장을 읽고, 알맞은 뜻의 기호를 써 보세요.

1. The price is very right. (　　)
2. You should know this school. (　　)
3. Can you cut it with a knife? (　　)
4. You should write your name. (　　)

ⓐ 당신은 당신 이름을 써야 한다.　ⓑ 가격이 아주 적당하다.
ⓒ 당신은 이 학교를 알아야 한다.　ⓓ 그것을 칼로 잘라 줄 수 있나요?

5. We often feed the lambs. (　　)
6. The night is very long. (　　)
7. We often talk in the barn. (　　)
8. Can you knit a sweater? (　　)

ⓔ 우리는 종종 헛간에서 이야기를 한다.　ⓕ 밤은 매우 길다.
ⓖ 당신은 스웨터를 짤 수 있나요?　ⓗ 우리는 종종 양들에게 먹이를 준다.

STORY TIME

다음 이야기들을 먼저 읽고, 다시 들어 보세요.

060

A

The night is very long.
The moon is very bright.
I often walk ***at** night.
I can listen to the night.

*at night 밤에

B

Can you cut bread?
We often use a knife.
A knife is very sharp.
You should **be** *careful.

*careful 조심스러운

사이트워드 Plus

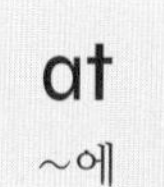

at
~에

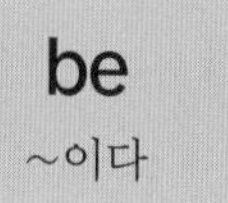

be
~이다

Day 16

I think we're so smart.

나는 우리가 아주 영리하다고 생각해요.

Check Point

- **문장 속 규칙** am, is, are(~이다)와 will(~할 것이다)을 줄여 쓰는 방법
  앞에 오는 말과 함께 붙여 쓸 때 일부 글자를 줄이기도 하는데, 이때 줄인 부분에는 '(아포스트로피)를 써서 표시해요.

예 I am → I'm　　You are → You're　　We are → We're

He is → He's　　It is → It's　　We will → We'll

- **문장 속 사이트워드**

doesn't	be	think	about
~하지 않다	~이다/있다	생각하다	~에 관해

061

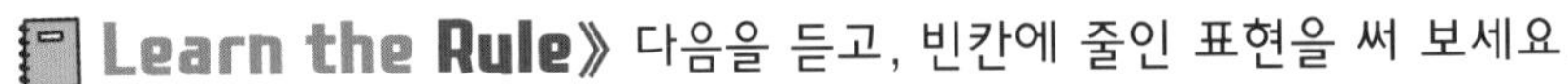

Learn the Rule》 다음을 듣고, 빈칸에 줄인 표현을 써 보세요.

- am ⇒ 'm

1. I am → I'm

- are ⇒ 're

2. You are → ________
3. We are → ________
4. They are → ________

- is ⇒ 's

5. He is → ________
6. She is → ________
7. It is → ________

- will ⇒ 'll

8. I will → ________
9. We will → ________
10. They will → ________
11. He will → ________
12. She will → ________
13. It will → ________

Read Phrases》 그림에 맞는 표현을 찾아 선으로 연결해 보세요.

1
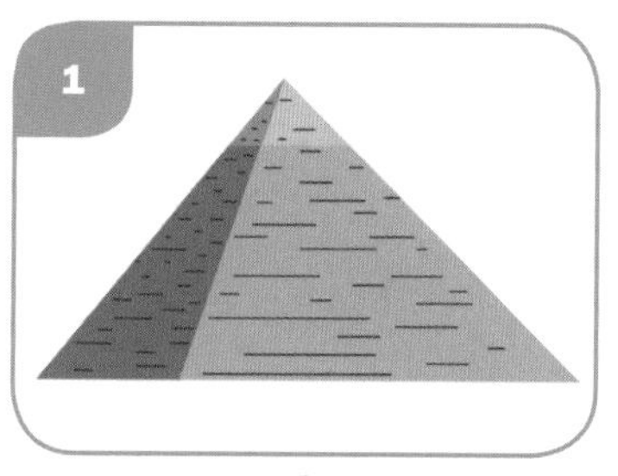

2

3

a a wrong number

b a huge tomb

c a great king

d write about ghosts

e talk about knees

f all set now

4

5

6
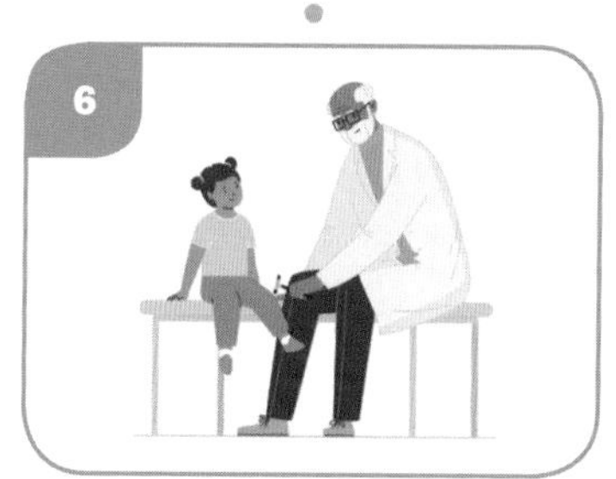

Words

wrong 틀린, 잘못된　huge 거대한　tomb 무덤
great 위대한　set 준비가 된　now 지금, 이제

062

Read Sentences》 빈칸에 단어를 순서대로 쓴 뒤 읽어 보세요.

1. new 새, 새로운 / knife 칼 → It's a ________ ________.
   (그것은) 새 칼이다.
2. good 좋은 / comb 빗 → It's a ________ ________.
   (그것은) 좋은 빗이다.
3. huge 거대한 / tomb 무덤 → ☐ a ________ ________.
   (그것은) 거대한 무덤이다.
4. wrong 잘못된 / number 번호 → ☐ ☐ ________ ________.
   (그것은) 잘못된 번호이다.

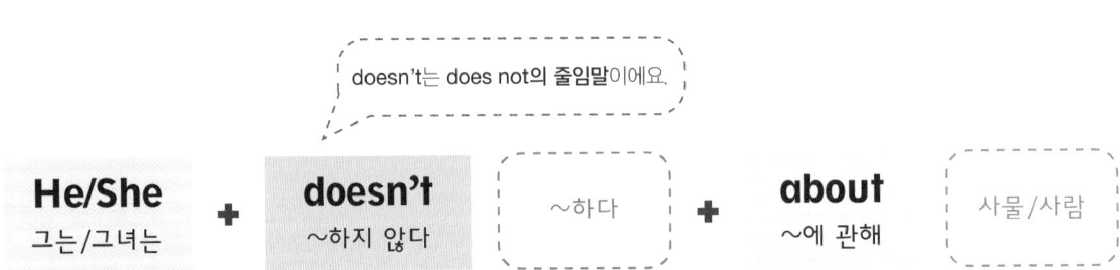

5. talk 말하다 / knees 무릎들 → He doesn't ________ about his ________.
   그는 자기 무릎에 관해 말하지 않는다.
6. write 쓰다 / ghosts 유령들 → He doesn't ________ ☐ ________.
   그는 유령에 관해 쓰지 않는다.
7. care 신경을 쓰다 / school 학교 → She ☐ ________ about ________.
   그녀는 학교에 신경 쓰지 않는다.
8. know 알다 / knight 기사 → She ☐ ________ ☐ the ________.
   그녀는 그 기사에 관해 모른다.

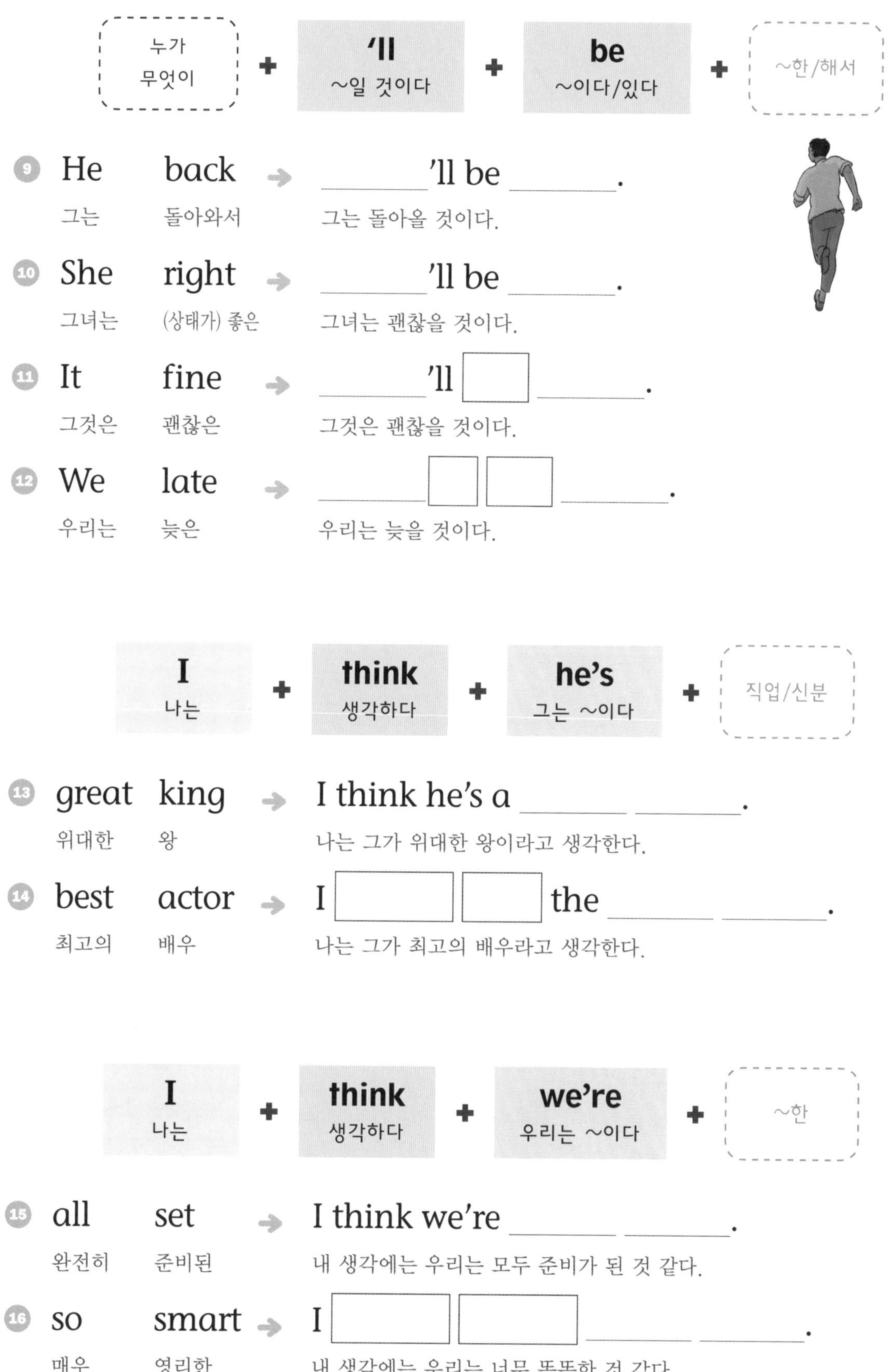

누가 무엇이 + **'ll** ~일 것이다 + **be** ~이다/있다 + ~한/해서

9 He back → ______'ll be ______.
그는 돌아와서 그는 돌아올 것이다.

10 She right → ______'ll be ______.
그녀는 (상태가) 좋은 그녀는 괜찮을 것이다.

11 It fine → ______'ll [ ] ______.
그것은 괜찮은 그것은 괜찮을 것이다.

12 We late → ______ [ ] [ ] ______.
우리는 늦은 우리는 늦을 것이다.

I 나는 + **think** 생각하다 + **he's** 그는 ~이다 + 직업/신분

13 great king → I think he's a ______ ______.
위대한 왕 나는 그가 위대한 왕이라고 생각한다.

14 best actor → I [ ] [ ] the ______ ______.
최고의 배우 나는 그가 최고의 배우라고 생각한다.

I 나는 + **think** 생각하다 + **we're** 우리는 ~이다 + ~한

15 all set → I think we're ______ ______.
완전히 준비된 내 생각에는 우리는 모두 준비가 된 것 같다.

16 so smart → I [ ] [ ] ______ ______.
매우 영리한 내 생각에는 우리는 너무 똑똑한 것 같다.

063

Read More》 큰 소리로 문장을 읽고, 알맞은 뜻의 기호를 써 보세요.

1. It's a right word. (   )
2. They'll be tall soon. (   )
3. I think it's a great song. (   )
4. He doesn't talk about home. (   )

ⓐ 그들은 곧 키가 클 것이다.
ⓑ 내 생각에는 그것은 정말 좋은 노래이다.
ⓒ 그는 집에 관해서 말하지 않는다.
ⓓ (그것은) 맞는 말이다.

5. I think they're all out. (   ) *out 다 팔린
6. I'll be happy with you. (   )
7. I think she's a great cook. (   )
8. She doesn't care about me. (   )

ⓔ 내 생각에는 그것들은 다 팔린 것 같다.
ⓕ 그녀는 나를 신경 쓰지 않는다.
ⓖ 나는 당신과 함께 행복할 것이다.
ⓗ 내 생각에는 그녀는 훌륭한 요리사이다.

064

다음 이야기들을 먼저 읽고, 다시 들어 보세요.

*Aunt Mary is a *writer.
She doesn't write about the *war.
I think she's a good writer.
Now she is in New York.
She'll be back **soon**.

*aunt 이모, 고모 writer 작가 war 전쟁

B

I watched a *TV show yesterday.
Bert is a ***new** star.
He doesn't care about dress.
I think he's the best actor.

*TV show TV 프로그램 new star 신인 스타

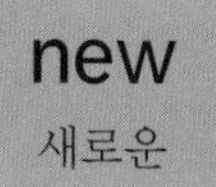

Day 17

Ray waited at the gate today.

레이는 오늘 정문에서 기다렸어요.

Check Point

• **문장 속 파닉스**

a 뒤에 오는 글자는 다르지만 모두 a의 알파벳 이름처럼 길게 장모음 a [에이]로 발음해요.

- a_e gate
- ai rain
- -ay day

• **문장 속 사이트워드**

the	will	may	so	today
그	~할 것이다	~해도 좋다	너무, 정말	오늘

065

Read Words》 단어를 먼저 읽고, 듣고 다시 따라 읽어 보세요.

a_e [eɪ / 에이]

bake cake came face fake
gate late made same take

ai [eɪ / 에이]

mail nail rain sail tail
wait chain train paint Spain

ay [eɪ / 에이]

day hay pay say gray play stay

Read Phrases》 그림에 맞는 표현을 찾아 선으로 연결해 보세요.

1 

2 

3 

a say goodbye

b sail for Spain

c fell in the hay

d take your order

e wait in the rain

f take the train

4 

5 

6 

Words

sail 항해하다 for ~을 향해 Spain 스페인 fell 떨어졌다 hay 건초
take 받다, (교통수단 등을) 타다 order 주문 wait 기다리다 rain 비

066

Read Sentences》 빈칸에 단어를 순서대로 쓴 뒤 읽어 보세요.

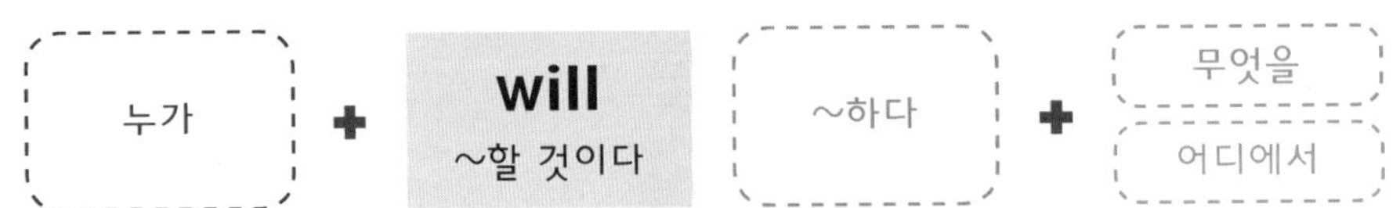

1. take 타다 / train 기차 → Kate will ________ the ________.
   케이트는 기차를 탈 것이다.
2. bake 굽다 / cake 케이크 → Gail will ________ a ________.
   게일은 케이크를 구울 것이다.
3. paint 그리다 / face 얼굴 → Jay [   ] ________ a ________.
   제이는 얼굴을 (물감으로) 그릴 것이다.
4. wait 기다리다 / rain 비 → Dave [   ] ________ in the ________.
   데이브는 빗속에서 기다릴 것이다.

무엇이 + **is/are** ~이다 + **(so)** 너무, 정말 ~한

5. day 날 / gray 흐린, 회색의 → The ________ is ________.
   날이 흐리다.
6. tail 꼬리 / short 짧은 → Its ________ [   ] so ________.
   그것의 꼬리는 너무 짧다.
7. mails 우편물들 / lost 잃어버린 → The ________ are ________.
   우편물들이 분실되었다.
8. nails 손톱(들) / cute 귀여운 → Her ________ [   ] [   ] ________.
   그녀의 손톱은 너무 귀엽다.

누가	+	~했다	+	어디에(서), 어디로 / ~하게	**today** 오늘

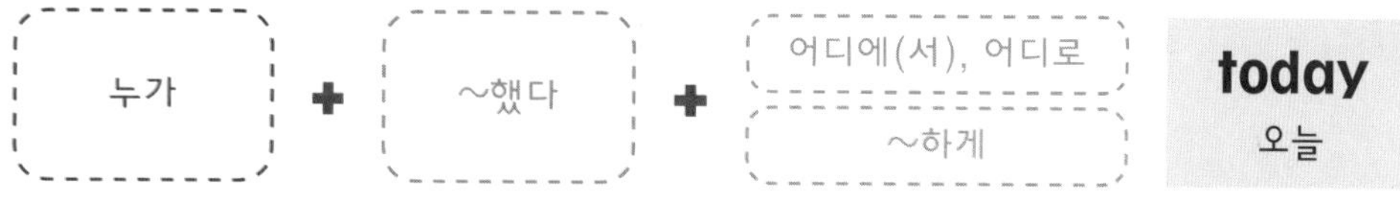

9 fell 떨어졌다 / hay 건초 → Jay ________ in the ________ today.
제이는 오늘 건초에 떨어졌다.

10 came 왔다 / late 늦게 → Jake ________ ________ today.
제이크는 오늘 늦게 왔다.

11 sailed 항해했다 / Spain 스페인 → Gail ________ for ________ [ ].
게일은 오늘 스페인으로 항해했다.

12 waited 기다렸다 / gate 정문, 출입구 → Rail ________ at the ________ [ ].
레일은 오늘 정문에서 기다렸다.

문장 앞에 May I를 쓰면 **'(내가) ~해도 될까요?'**라는 뜻으로 상대방의 허락을 구하는 표현이에요.

May ~해도 좋다	+	**I** 나는	+	~하다	+	어디에, ~로 / 무엇을	+	**?**

13 stay 머물다 / here 여기 → May I ________ ________?
내가 여기 있어도 될까요?

14 say 말하다 / goodbye 작별 인사 → [ ] I ________ ________?
내가 (작별) 인사해도 될까요?

15 take 받다 / order 주문 → May [ ] ________ your ________?
내가 (당신의) 주문을 받아도 될까요?

16 pay 지불하다 / card 카드 → [ ] [ ] ________ by credit ________?
내가 신용 카드로 계산해도 될까요? *by ~로

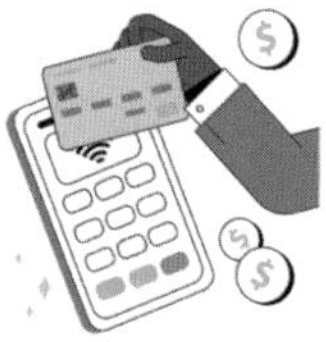

067

Read More》 큰 소리로 문장을 읽고, 알맞은 뜻의 기호를 써 보세요.

1. The chain is so long. (　　)
2. May I say a word? (　　)
3. Dave will pay for it. (　　)
4. They played in the rain today. (　　)

ⓐ 그들은 오늘 빗속에서 놀았다.　ⓑ 내가 한마디 해도 될까요?
ⓒ 그 사슬은 너무 길다.　ⓓ 데이브가 그것에 대한 돈을 지불할 것이다.

5. Jay will stay up late. (　　) *stay up 안 자다, 깨어 있다
6. Gail made a fake cake today. (　　)
7. May I wait for the train? (　　)
8. We will play in the playground. (　　) *playground 놀이터

ⓔ 게일은 오늘 가짜 케이크를 만들었다.　ⓕ 제이는 늦게까지 깨어 있을 것이다.
ⓖ 내가 기차를 기다려도 될까요?　ⓗ 우리는 놀이터에서 놀 것이다.

068

다음 이야기들을 먼저 읽고, 다시 들어 보세요.

Jane and Jay played **outside** today.
The day was so gray.
They played in the rain.
They made a *maze in the hay.

*maze 미로

B

Kate said goodbye **to** us.
She waited and waited for the bus.
The bus came so late.
Tomorrow she will take the train.

outside 밖에서	to ~에게	tomorrow 내일

Day 18

It will be windy and rainy.

바람이 불고 비가 올 거예요.

✓Check Point

- **문장 속 규칙** 단어 뒤에 y를 붙이는 경우

1) y를 붙이면 좀 더 정감이 있는 의미를 전달해요. 이름에 많이 붙여 써요.

예 kitten(새끼 고양이) + y → kitty　　Jim(James의 애칭) + y → Jimmy

2) 명사 뒤에 y를 붙이면 '~한'이라는 뜻의 형용사로 바뀌는 경우도 있어요.

예 snow(눈) + y → snowy(눈이 오는)

▲주의할 점 sun처럼 단모음(u) 뒤에 자음(n)이 한 개 올 때는 sunny라고 끝에 자음(n)을 한 번 더 반복해서 써요.

- **문장 속 사이트워드**

had	be	and	outside
먹었다, 가졌다	~이다	~고, 그리고	밖에

069

Learn the Rule》 다음을 듣고, 빈칸에 y를 붙인 형태를 써 보세요.

- 날씨를 나타내는 단어 + y

1 wind 바람 → windy 바람이 부는

2 rain 비 → ________ 비가 많이 오는

3 cloud 구름 → ________ 흐린, 구름이 낀

4 storm 폭풍우 → ________ 폭풍우가 몰아치는

5 sun 태양 → sunny 화창한

6 fog 안개 → ________ 안개가 낀

- 기타 명사 + y

7 hill 언덕 → ________ 언덕이 많은

8 fun 재미 → ________ 재미있는

9 mud 진흙 → ________ 진흙투성이의

10 hand 손 → ________ 손재주가 있는

Read Phrases》 그림에 맞는 표현을 찾아 선으로 연결해 보세요.

1

2

3

a chilly and foggy

b rainy and stormy

c on sunny days

d muddy boots

e yummy food

f a runny nose

4

5

6
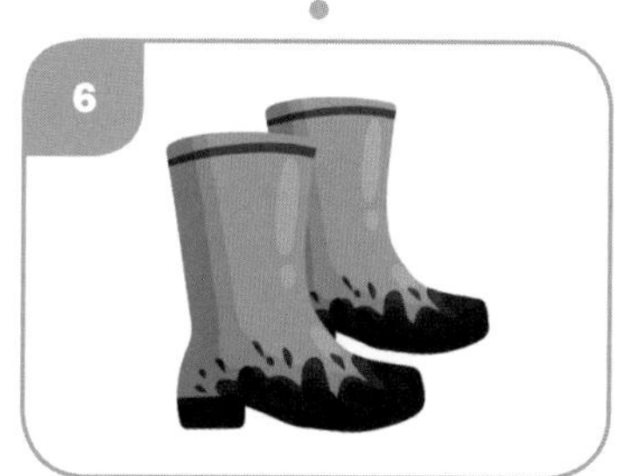

Words

chilly 추운 boots 부츠, 장화 yummy 맛있는 runny (콧물이) 흐르는

070

Read Sentences》 빈칸에 단어를 순서대로 쓴 뒤 읽어 보세요.

It's (날씨가) ~이다	+	~한	and ~고, 그리고	~한	+	outside 밖에

1. windy 바람 부는 / cloudy 흐린 → It's ______ and ______ outside.
   밖은 바람이 불고 흐리다.
2. sunny 화창한 / warm 따뜻한 → It's ______ and ______ outside.
   밖은 화창하고 따뜻하다.
3. rainy 비가 오는 / cool 시원한 → ☐ ______ ☐ ______ outside.
   밖은 비가 오고 시원하다.
4. chilly 쌀쌀한 / foggy 안개가 낀 → It's ______ ☐ ______ ☐.
   밖은 쌀쌀하고 안개가 자욱하다.

언제는 (시간)	+	will ~할 것이다	+	be ~이다	+	~한

5. Today 오늘 / rainy 비가 오는 → ______ will be ______.
   오늘은 비가 올 것이다.
6. Tonight 오늘 밤 / cloudy 흐린 → ______ will be ______.
   오늘 밤은 흐릴 것이다.
7. Tomorrow 내일 / sunny 화창한 → ______ ☐ be ______.
   내일은 맑을 것이다.
8. night 밤 / stormy 폭풍우가 치는 → Tomorrow ______ ☐ ☐ ______.
   내일 밤은 폭풍우가 몰아칠 것이다.

The 그	장소/사람/동물	+	is ~이다	+	~한

9 bunny 토끼 — funny 재미있는 → The ________ is ________.
그 토끼는 재미있다.

10 city 도시 — hilly 언덕이 많은 → The ________ is ________.
그 도시는 언덕이 많다.

11 lobby 로비 — stuffy 답답한 → [ ] ________ is ________.
그 로비는 답답하다.

12 girl 소녀 — handy 손재주가 있는 → [ ] ________ [ ] ________.
그 소녀는 손재주가 있다.

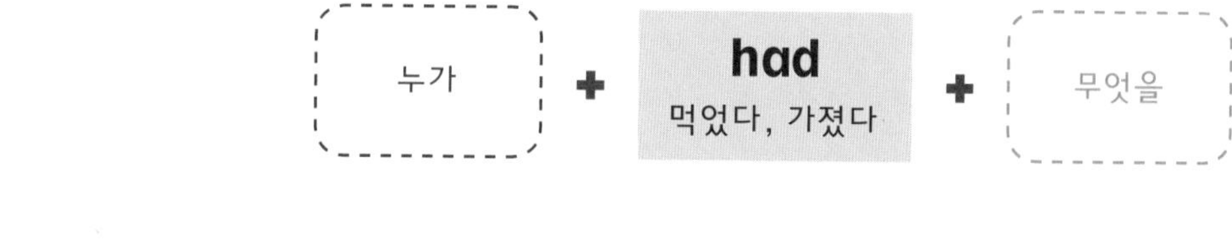

13 milky 우유가 든 — tea 홍차, 티 → Penny had ________ ________.
페니는 우유를 넣은 홍차를 마셨다.

14 yummy 아주 맛있는 — food 음식 → Jenny had ________ ________.
제니는 아주 맛있는 음식을 먹었다.

15 muddy 진흙투성이의 — boots 부츠, 장화 → Kenny [ ] ________ ________.
케니는 진흙투성이의 부츠를 가지고 있었다.

16 lucky 행운의 — dream 꿈 → Danny [ ] a ________ ________.
대니는 길몽을 꾸었다.

*길몽: 좋은 징조의 꿈

071

Read More》 큰 소리로 문장을 읽고, 알맞은 뜻의 기호를 써 보세요.

1 The pig had fuzzy hair. (　　) *fuzzy 털이 보송보송한

2 It's rainy and windy today. (　　)

3 The day is sunny. (　　)

4 Winter will be snowy and cold. (　　)

ⓐ 날이 화창하다. ⓑ 그 돼지는 보송보송한 털을 가지고 있었다.
ⓒ 겨울은 눈이 오고 추울 것이다. ⓓ 오늘은 비가 오고 바람이 분다.

5 It's cloudy and chilly outside. (　　)

6 Jimmy had a runny nose. (　　)

7 I hoped we had sunny days. (　　)

8 Billy had a bunny. (　　)

ⓔ 지미는 콧물을 흘렸다. ⓕ 나는 맑은 날들이 계속되기를 바랐다.
ⓖ 밖은 흐리고 쌀쌀하다. ⓗ 빌리는 토끼가 한 마리 있었다.

STORY TIME

072

다음 이야기들을 먼저 읽고, 다시 들어 보세요.

My *family loves sunny days.
We *go for a walk on sunny days.
It is windy and rainy outside now.
But tomorrow will be sunny!

*family 가족 go for a walk 산책하러 가다

B

This winter is chilly and snowy.
Jimmy has a runny nose.
But he loves *skating on a cold day.
He **also** *enjoys a warm lemon tea.

*skating 스케이트 (타기) enjoy 즐기다

사이트워드 Plus

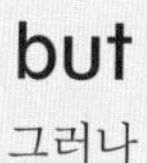

Day 19

We need some sweet pies.

우리는 달콤한 파이가 좀 필요해요.

Check Point

● 문장 속 파닉스

e 뒤에 오는 글자는 다르지만 소리는 모두 길게 장모음 e [이-]로 내는 단어들이 있어요.

- ea　sea
- ee　free
- ey　key

● 문장 속 사이트워드

can't	very	some	hard
~할 수 없다	매우, 아주	약간의	어려운

073

Read Words》 단어를 먼저 읽고, 듣고 다시 따라 읽어 보세요.

ea [i: / 이-]

eat sea tea meal read team weak
beach peace peach cheap clean
cream dream speak scream

ee [i: / 이-]

beef beet deep feed keep need
peel seed free green sheep
sweet asleep coffee

ey [i: / 이-]

key money monkey

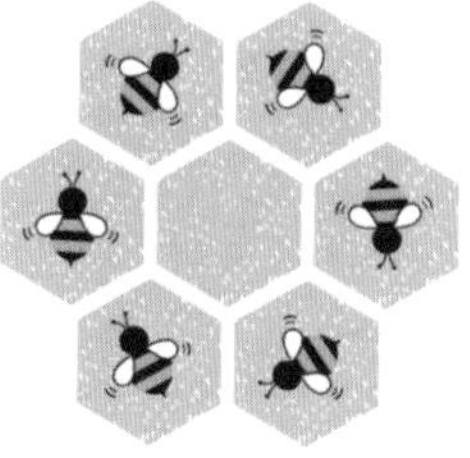

Read Phrases》 그림에 맞는 표현을 찾아 선으로 연결해 보세요.

Words

fall ~ 되다 asleep 잠이 든 green tea 녹차
meal 식사 peel (껍질을) 벗기다 beet 비트, 사탕무우

Read Sentences》 빈칸에 단어를 순서대로 쓴 뒤 읽어 보세요.

The 그	장소/사물	+	is ~이다	+	very 매우, 아주	~한

1. sea 바다 / deep 깊은 → The ______ is very ______.
   바다는 매우 깊다.
2. food 음식 / cheap 싼 → The ______ is very ______.
   그 음식은 가격이 매우 싸다.
3. street 거리 / clean 깨끗한 → ☐ ______ is ☐ ______.
   그 거리는 매우 깨끗하다.
4. cream 크림 / sweet 달콤한 → ☐ ______ ☐ ☐ ______.
   그 크림은 매우 달다.

I 나는	+	can't ~할 수 없다	~하다	+	무엇을 어디에서/언제

5. peel (껍질을) 벗기다 / beet 비트 → I can't ______ the ______.
   나는 비트 껍질을 못 벗긴다.
6. feed 먹이를 주다 / sheep 양 → I can't ______ the ______.
   나는 양에게 먹이를 줄 수 없다.
7. scream 비명을 지르다 / dream 꿈 → I ☐ ______ in a ______.
   나는 꿈에서 소리를 지를 수 없다.
8. speak 말하다 / meal 식사 → ☐ ☐ ______ during a ______.
   나는 식사 중에는 말을 할 수가 없다.

*during ~하는 동안

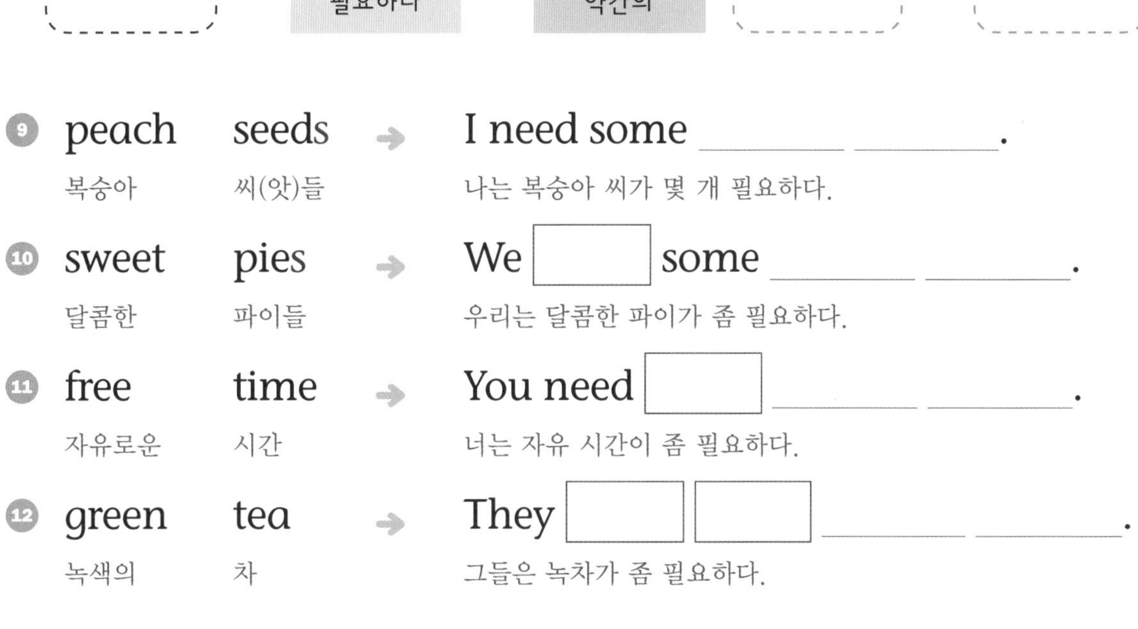

누가 + **need** 필요하다 + **some** 약간의 (~한) + 사물

9	peach 복숭아	seeds 씨(앗)들	→ I need some ______ ______. 나는 복숭아 씨가 몇 개 필요하다.
10	sweet 달콤한	pies 파이들	→ We [ ] some ______ ______. 우리는 달콤한 파이가 좀 필요하다.
11	free 자유로운	time 시간	→ You need [ ] ______ ______. 너는 자유 시간이 좀 필요하다.
12	green 녹색의	tea 차	→ They [ ] [ ] ______ ______. 그들은 녹차가 좀 필요하다.

문장 맨 앞의 It은 뒤에 나오는 〈to + ~하다〉를 대신하는 말로 '~하기가'라는 의미예요. 이 문장은 뒤의 내용부터 해석해요.

It's ~가 …이다 + **hard** 어려운 + **to** ~하다 + (무엇을)

13	fall (어떤 상태가) 되다	asleep 잠이 든	→ It's hard to ______ ______. 잠 들기가 어렵다.
14	keep 유지하다	team 팀, 단체	→ It's hard [ ] ______ the ______. 그 팀을 유지하기가 어렵다.
15	eat 먹다	meal 식사	→ [ ] [ ] to ______ a ______. 식사를 하기가 힘들다.
16	read 읽다	page 페이지, 쪽	→ [ ] [ ] [ ] ______ this ______. 이 페이지는 읽기가 어렵다.

075

Read More》 큰 소리로 문장을 읽고, 알맞은 뜻의 기호를 써 보세요.

1. The coffee is very hot. (   )
2. I need some money. (   )
3. It's hard to keep peace. (   )

4. I can't sleep on the beach. (   )

ⓐ 나는 돈이 좀 필요하다.　　ⓑ 그 커피가 매우 뜨겁다.
ⓒ 나는 해변에서 잘 수가 없다.　　ⓓ 평화를 유지하는 것은 어렵다.

5. The team is very weak. (   )
6. The city is very green. (   )

7. We need some more cream. (   )
8. I can't find my key. (   )

ⓔ 그 도시는 매우 푸르다.　　ⓕ 그 팀은 매우 약하다.
ⓖ 나는 열쇠를 찾을 수가 없다.　　ⓗ 우리는 크림이 좀 더 필요하다.

076

다음 이야기들을 먼저 읽고, 다시 들어 보세요.

A

I **feel** very tired.
It's hard to fall asleep.
I can't scream in a dream.
I need some free time.

B

My throat is very *sore now.
It's hard to eat a meal.
I can't talk **much**.
I **need to get** some *sleep.

*sore 아픈 sleep 잠

사이트워드

feel	much	need to	get
느끼다	많이	~해야 한다	얻다

Day 20

He never washes his car.

그는 자기 차를 절대 세차하지 않아요.

✔Check Point

- **문장 속 규칙** 동사, 명사 뒤에 -es를 붙이는 경우

He/She/It 또는 단수 명사가 동사 앞에 오면 동사 끝에 보통 -(e)s를 붙여요.
명사가 둘 이상을 나타내는 복수형일 때도 뒤에 -(e)s를 붙여요.

1) -s, -sh, -ch, -ss, -o, -x로 끝날 때 + es

예 동사: watch(보다) + es → watches　　wash(씻다) + es → washes
명사: bus(버스) + es → buses　　fox(여우) + es → foxes

2) 〈자음+y〉로 끝날 때는 y를 i로 바꾸고 + es

예 동사: study(공부하다) + es → studies　　cry(울다) + es → cries
명사: baby(아기) + es → babies　　city(도시) + es → cities

▲주의할 점 Day 4에서 배운 동사 뒤에 -s를 붙이는 경우와 Day 6에서 배운 명사 뒤에 -s를 붙이는 경우와 비교해 보세요.

- **문장 속 사이트워드**

goes	were	never	at	with
가다	~이었다	결코 ~ 않다	~에	~와 (같이)

077

Learn the Rule》 다음을 듣고, 빈칸에 〈동사+es〉, 〈명사+es〉 표현을 써 보세요.

1. go → goes
가다
2. catch → ______
잡다
3. miss → ______
놓치다
4. fix → ______
고치다
5. dish → ______
접시　접시들
6. box → ______
상자　상자들
7. dress → ______
드레스　드레스들
8. peach → ______
복숭아　복숭아들
9. try → tries
노력하다
10. hurry → ______
서두르다, 재촉하다
11. story → ______
이야기　이야기들
12. cherry → ______
체리　체리들

Read Phrases》 그림에 맞는 표현을 찾아 선으로 연결해 보세요.

Words

to ~로 work 직장 carry 들고 있다, 나르다 worm 벌레

Read Sentences》 빈칸에 단어를 순서대로 쓴 뒤 읽어 보세요.

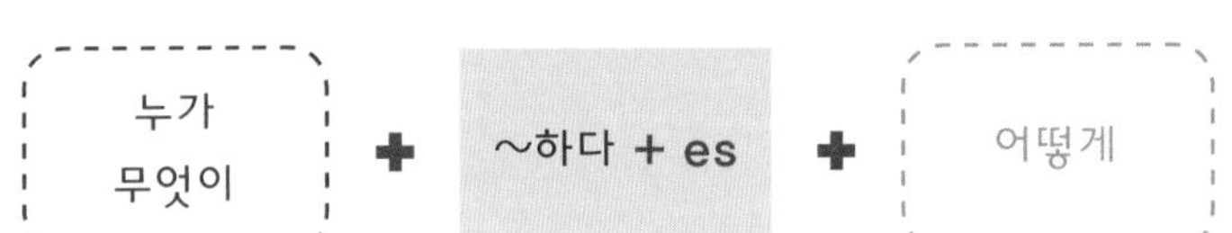

1 studies 공부하다 / hard 열심히 → Jenny ________ ________.
제니는 열심히 공부한다.

2 passes 지나가다 / quickly 빨리 → Time ________ ________.
시간은 빨리 지나간다.

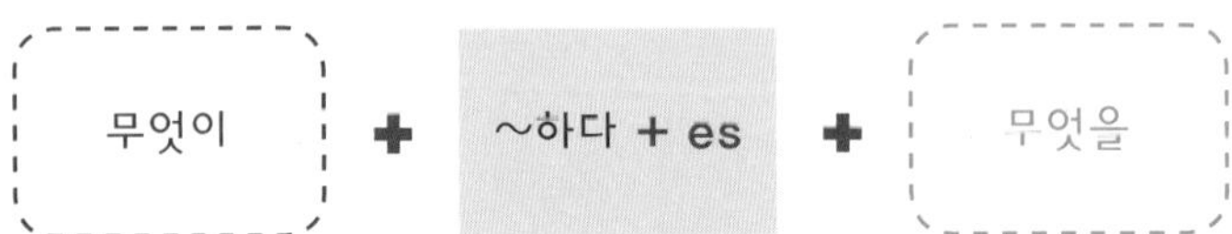

3 catches 잡다 / worm 벌레 → The early bird ________ the ________.
일찍 일어나는 새가 벌레를 잡는다.

4 tries 노력하다 / mouse 쥐 → The cat ________ to catch a ________.
고양이가 쥐를 잡으려고 한다.

5 washes 씻다 / car 차 → He never ________ his ________.
그는 결코 자기 차를 세차하지 않는다.

6 watches 시청하다 / news 뉴스 → ☐ never ________ the ________.
그는 결코 뉴스를 보지 않는다.

7 fixes 고치다 / house 집 → He ☐ ________ the ________.
그는 결코 그 집을 고치지 않는다.

8 misses 놓치다 / clue 단서 → ☐ ☐ ________ a ________.
그는 단서 하나도 결코 놓치지 않는다.

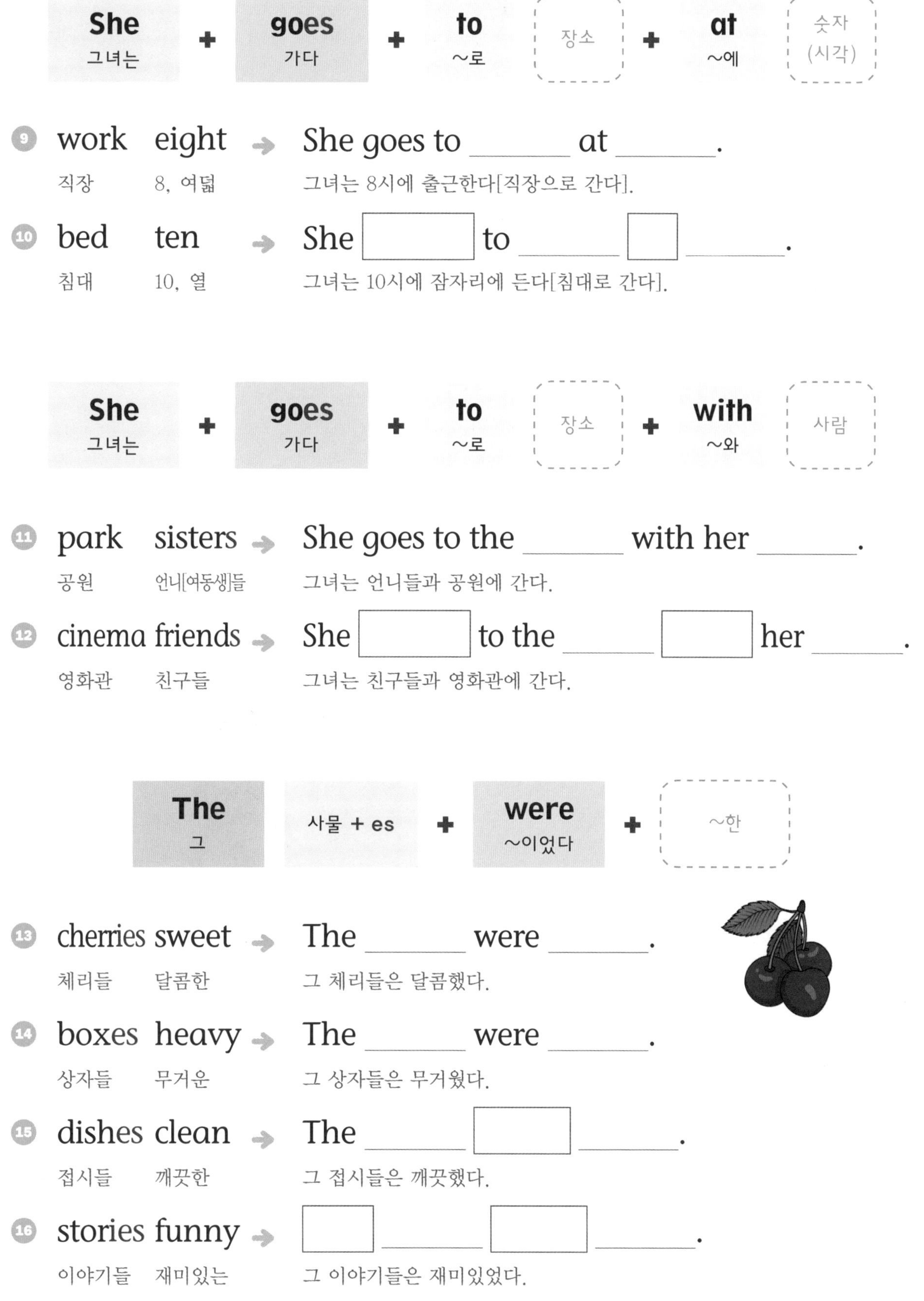

She 그녀는 + **goes** 가다 + **to** ~로 장소 + **at** ~에 숫자(시각)

9 work 직장 eight 8, 여덟 → She goes to ______ at ______.
그녀는 8시에 출근한다[직장으로 간다].

10 bed 침대 ten 10, 열 → She [ ] to ______ [ ] ______.
그녀는 10시에 잠자리에 든다[침대로 간다].

She 그녀는 + **goes** 가다 + **to** ~로 장소 + **with** ~와 사람

11 park 공원 sisters 언니[여동생]들 → She goes to the ______ with her ______.
그녀는 언니들과 공원에 간다.

12 cinema 영화관 friends 친구들 → She [ ] to the ______ [ ] her ______.
그녀는 친구들과 영화관에 간다.

The 그 사물 + es + **were** ~이었다 + ~한

13 cherries 체리들 sweet 달콤한 → The ______ were ______.
그 체리들은 달콤했다.

14 boxes 상자들 heavy 무거운 → The ______ were ______.
그 상자들은 무거웠다.

15 dishes 접시들 clean 깨끗한 → The ______ [ ] ______.
그 접시들은 깨끗했다.

16 stories 이야기들 funny 재미있는 → [ ] ______ [ ] ______.
그 이야기들은 재미있었다.

079

Read More》 큰 소리로 문장을 읽고, 알맞은 뜻의 기호를 써 보세요.

1. He never tries to do well. (　　)

2. She cries loudly. (　　) *loudly 큰 소리로

3. The buses were free. (　　)

4. The dresses were cheap. (　　)

ⓐ 그 버스들은 무료였다.　ⓑ 그는 결코 잘 하려고 노력하지 않는다.
ⓒ 그 드레스들은 가격이 쌌다.　ⓓ 그녀는 큰 소리로 운다.

5. He never hurries me. (　　)

6. She carries a yoga mat. (　　) *yoga 요가

7. She goes to school at eight. (　　)

8. He goes to the city with his friends. (　　)

ⓔ 그녀는 8시에 학교에 간다.　ⓕ 그는 친구들과 그 도시에 간다.
ⓖ 그는 절대 나를 재촉하지 않는다.　ⓗ 그녀는 요가 매트를 가지고 다닌다.

STORY TIME

080

다음 이야기들을 먼저 읽고, 다시 들어 보세요.

Jane tries her *best.
She studies hard.
She never misses a class.
She loves **every** *moment.

*best 최선 moment 순간

*Nature never hurries.
But it is **always** *on time.
Nature never stops *talking.
We need to listen to its stories.

*nature 자연 on time 제때에 talking 말하는 것

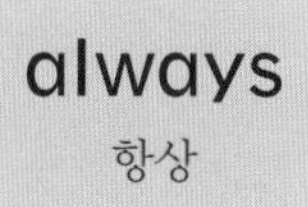

Day 21

The screw was loose.

나사가 풀렸어요.

☑Check Point

• **문장 속 파닉스**

글자의 모양은 다르지만 똑같이 장모음 i와 장모음 u의 소리를 내는 경우가 있어요.

• 장모음 i [아이] i_e ie igh

• 장모음 u [유-/우-] u_e oo ew ue

• **문장 속 사이트워드**

who	Don't	must	too
누가	~하지 마라	(틀림없이) ~일 것이다	너무

081

Read Words》 단어를 먼저 읽고, 듣고 다시 따라 읽어 보세요.

• 장모음 i 소리

i_e [aɪ / 아이] tide price

ie [aɪ / 아이] die lie pie tie

igh [aɪ / 아이] high fight light tight bright tonight

• 장모음 u 소리

u_e [juː / 유-] [uː / 우-] cute duke mule

oo [uː / 우-] zoo cool moon pool room loose school

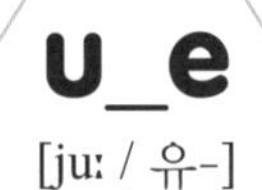

ew [uː / 우-] [juː / 유-] new news blew chew drew grew knew stew screw

ue [uː / 우-] clue glue

Read Phrases》 그림에 맞는 표현을 찾아 선으로 연결해 보세요.

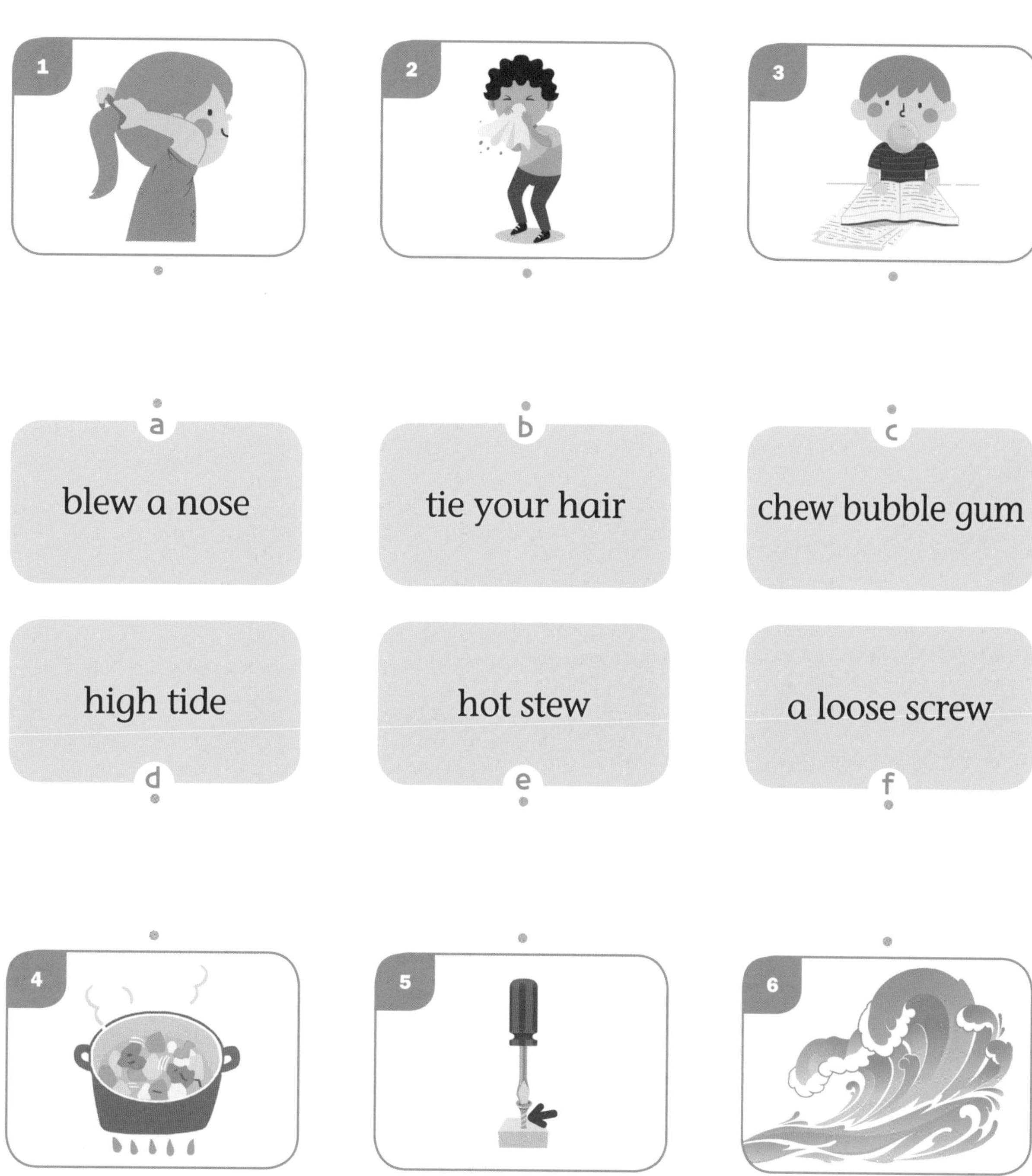

Words

blew 불었다 tie 묶다 bubble gum 풍선껌
tide 조류(바닷물의 높낮이 흐름) stew 스튜 loose 느슨한

082

Read Sentences》 빈칸에 단어를 순서대로 쓴 뒤 읽어 보세요.

1 chew 씹다 / gum 껌 → Don't ______ bubble ______.
풍선껌을 씹지 마라.

2 tie 묶다 / hair 머리카락 → Don't ______ your ______.
머리를 묶지 마라.

3 leave 남기다 / clue 단서 → [ ] ______ a ______.
단서를 남기지 마라.

4 fight 싸우다 / tonight 오늘 밤 → [ ] ______ ______.
오늘 밤 싸우지 마라.

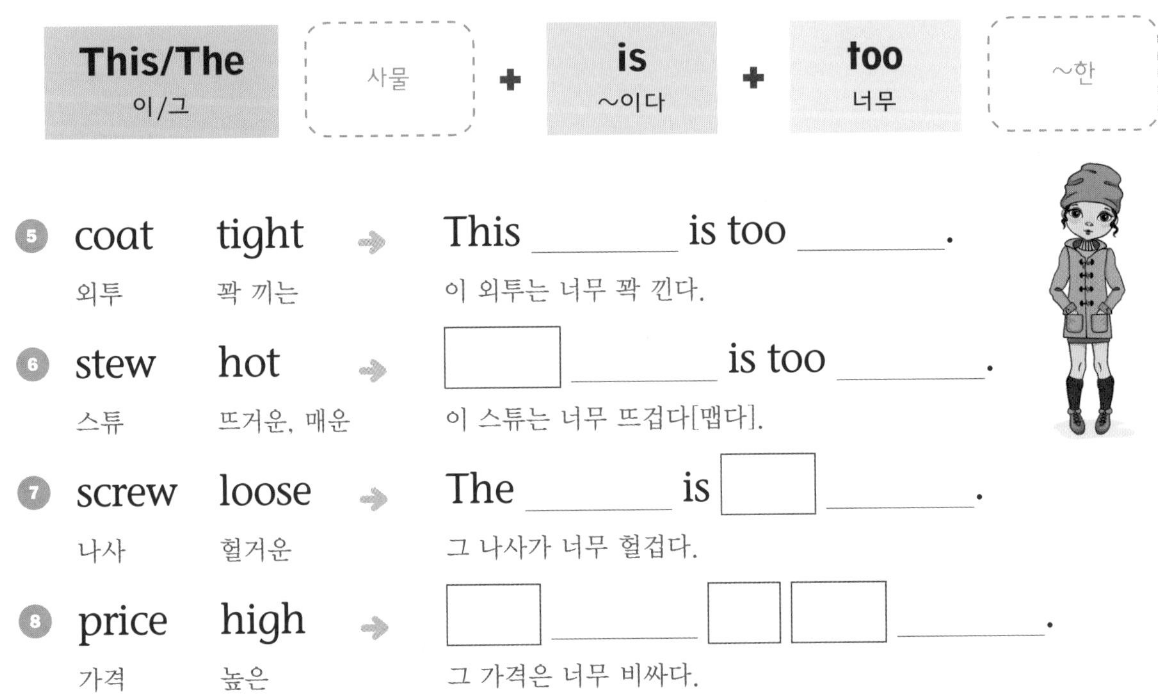

This/The 이/그 + 사물 + is ~이다 + too 너무 + ~한

5 coat 외투 / tight 꽉 끼는 → This ______ is too ______.
이 외투는 너무 꽉 낀다.

6 stew 스튜 / hot 뜨거운, 매운 → [ ] ______ is too ______.
이 스튜는 너무 뜨겁다[맵다].

7 screw 나사 / loose 헐거운 → The ______ is [ ] ______.
그 나사가 너무 헐겁다.

8 price 가격 / high 높은 → [ ] ______ [ ] [ ] ______.
그 가격은 너무 비싸다.

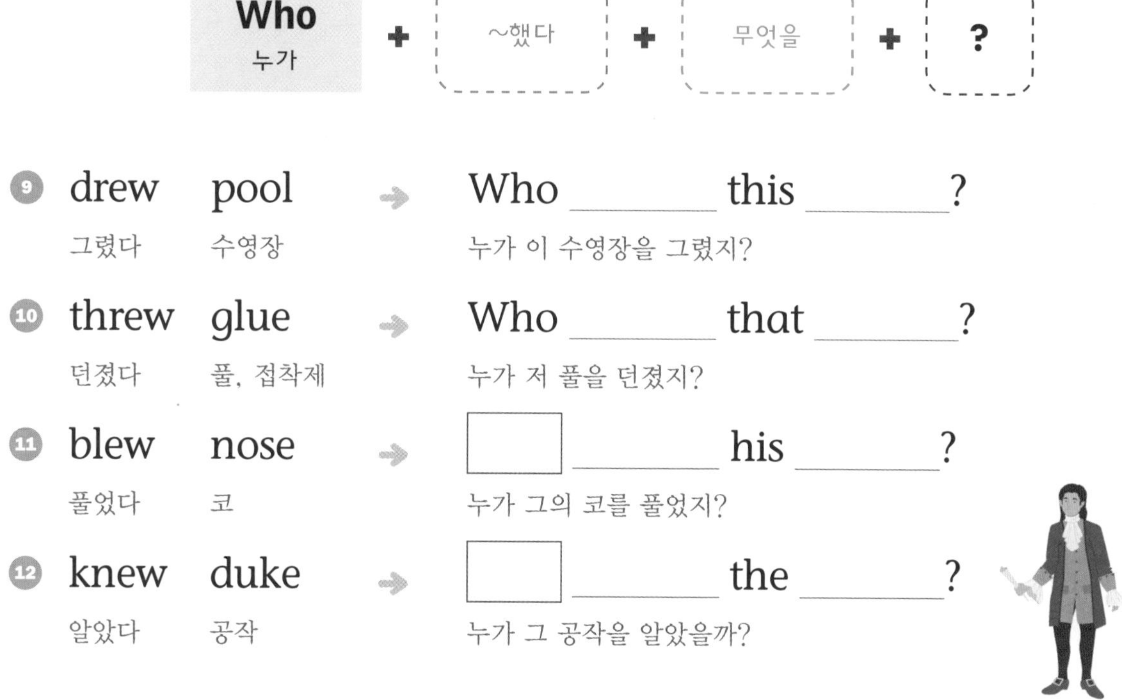

Who 누가 + ~했다 + 무엇을 + **?**

9. drew 그렸다 / pool 수영장 → Who ________ this ________?
누가 이 수영장을 그렸지?

10. threew 던졌다 / glue 풀, 접착제 → Who ________ that ________?
누가 저 풀을 던졌지?

11. blew 풀었다 / nose 코 → [ ] ________ his ________?
누가 그의 코를 풀었지?

12. knew 알았다 / duke 공작 → [ ] ________ the ________?
누가 그 공작을 알았을까?

무엇이 누가 + **must** (틀림없이) ~일 것이다 + **be** ~이다, ~ 있다 + ~한

13. tide 조류 / high 높은 → The ________ must be ________.
조류가 높을 것이다.

14. room 방 / full 가득 찬 → The ________ must be ________.
방이 꽉 차 있을 것이다.

15. news 소식, 뉴스 / great 엄청난 → The ________ [ ] be ________!
정말 좋은 소식일 것이다!

16. people 사람들 / new 새로 온, 처음 온 → The ________ [ ] [ ] ________ here.
그 사람들은 여기 처음일 것이다.

083

Read More》 큰 소리로 문장을 읽고, 알맞은 뜻의 기호를 써 보세요.

1. The moon is too bright. (　　)
2. This pie is too big. (　　)
3. Don't lie today. (　　)
4. The new zoo must be cool. (　　) *cool 멋진

ⓐ 이 파이는 너무 크다.　　ⓑ 오늘은 거짓말 하지 마라.
ⓒ 그 새 동물원은 멋질 것이다.　　ⓓ 달이 너무 밝다.

5. Don't die yet. (　　) *yet 아직
6. The new clue must be good. (　　)
7. Who drew this school? (　　)
8. The mule must be cute. (　　)

ⓔ 누가 이 학교를 그렸지?　　ⓕ 그 노새는 귀여울 것이다.
ⓖ 아직 죽지 마라.　　ⓗ 그 새로운 단서는 분명 좋을 것이다.

084

다음 이야기들을 먼저 읽고, 다시 들어 보세요.

The moon is **so** bright.
The tide must be high.
This must be great news!
Let's *go surfing tonight!

*go surfing 서핑하러 가다

B

Who *opened this party?
This dress is too tight.
The music is too loud.
The room must be full.
I don't like this party.

*open a party 파티를 열다

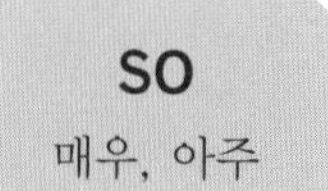

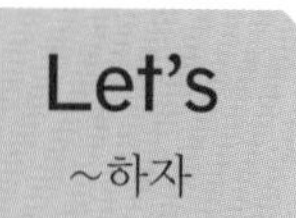

Day 22

I don't like washing the dishes.

나는 설거지하는 것을 좋아하지 않아요.

☑Check Point

• **문장 속 규칙** 동사 뒤에 ing를 붙이는 경우 (1)
동사 뒤에 -ing를 붙이면 '~하기' 또는 '~하고 있는'이라는 뜻으로 쓰여요.

예 eat + ing → eating　　cook + ing → cooking
먹다　먹기/먹고 있는　　요리하다　요리하기/요리하고 있는

• **문장 속 사이트워드**

enjoy	don't	doesn't	now
즐기다	~하지 않다	~하지 않다	지금, 이제

085

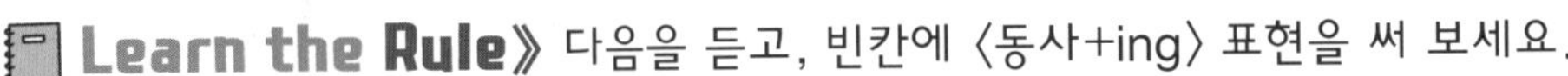

Learn the Rule》 다음을 듣고, 빈칸에 〈동사+ing〉 표현을 써 보세요.

1. go → going
가다　가기/가고 있는
2. play → ____________
놀다　놀기/놀고 있는
3. draw → ____________
그리다　그리기/그리고 있는
4. sleep → ____________
자다　자기/자고 있는
5. watch → ____________
지켜보다　지켜보기/지켜보고 있는
6. wash → ____________
씻다　씻기/씻고 있는
7. feel → ____________
느끼다　느끼기/느끼고 있는
8. wait → ____________
기다리다　기다리기/기다리고 있는
9. do → ____________
하다　하기/하고 있는
10. eat → ____________
먹다　먹기/먹고 있는
11. read → ____________
읽다　읽기/읽고 있는
12. walk → ____________
걷다　걷기/걷고 있는
13. work → ____________
일하다　일하기/일하고 있는
14. sing → ____________
노래하다　노래하기/노래하고 있는

Read Phrases》 그림에 맞는 표현을 찾아 선으로 연결해 보세요.

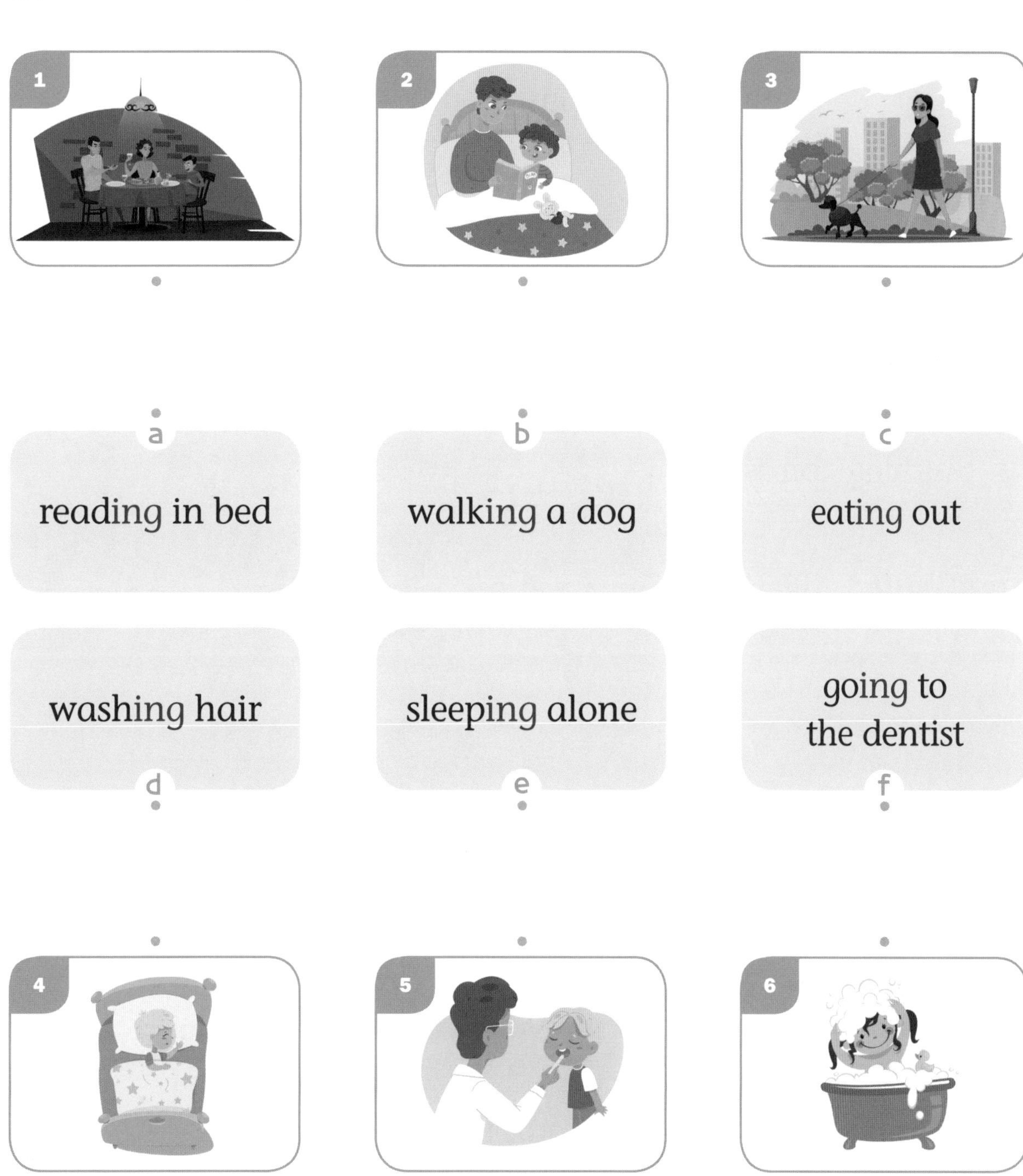

Words

walk (동물을) 산책시키다　eat out 외식하다
alone 혼자　dentist 치과 의사, 치과

086

Read Sentences》 빈칸에 단어를 순서대로 쓴 뒤 읽어 보세요.

I 나는 + **enjoy** 즐기다 + 무엇을(~하는 것을)

1. drawing faces → I enjoy ______ ______.
   그리기 얼굴들 → 나는 얼굴 그리기를 즐긴다.
2. playing sports → I enjoy ______ ______.
   하기, 놀기 운동, 스포츠 → 나는 운동하는 것을 즐긴다. *play sports 운동하다
3. watching birds → I [ ] ______ ______.
   지켜보기 새들 → 나는 새를 지켜보는 것을 즐긴다.
4. eating sandwiches → [ ] [ ] ______ ______.
   먹기 샌드위치들 → 나는 샌드위치를 즐겨 먹는다[샌드위치 먹는 것을 즐긴다].

I 나는 + **don't** ~하지 않다 + **like** 좋아하다 + 무엇을(~하는 것을) + (어디에서) (어떻게)

5. doing homework → I don't like ______ ______.
   하기 숙제 → 나는 숙제하는 것을 좋아하지 않는다.
6. washing dishes → I don't like ______ the ______.
   씻기 접시들 → 나는 설거지를 좋아하지 않는다.
7. reading bed → I [ ] like ______ in ______.
   읽기 침대 → 나는 침대에서 책 읽는 것을 좋아하지 않는다.
8. working late → I [ ] [ ] ______ so ______.
   일하기 늦게 → 나는 그렇게 늦게까지 일하는 것을 좋아하지 않는다.

누가 + **doesn't** ~하지 않다 + **like** 좋아하다 + 무엇을 (~하는 것을)

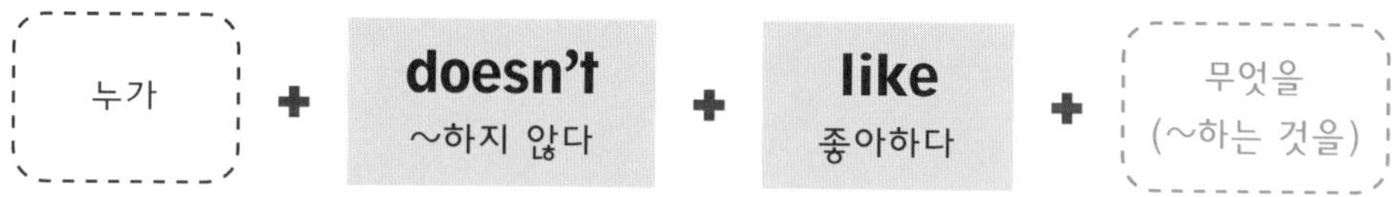

9 fruit 과일 / juice 주스 → Mike doesn't like ________ ________.
마이크는 과일 주스를 좋아하지 않는다.

10 dried 말린 / food 음식 → Luke doesn't like ________ ________.
루크는 말린 음식을 좋아하지 않는다.

11 walking 산책시키기 / dog 개 → Bruce [ ] like ________ a ________.
브루스는 개를 산책시키는 것을 좋아하지 않는다.

12 sleeping 자기 / alone 혼자 → Sue [ ] [ ] ________ ________.
수는 혼자 자는 것을 좋아하지 않는다.

〈Are you + 동사-ing ~?〉는 **'너는 ~하고 있는 중이니?'**라는 의미로 현재 진행되고 있는 일을 묻는 표현이에요.

Are ~이다/있다 + **you** 너는 + ~하다 + ing (~하고 있는) + ~한 / 무엇을 / ~로(장소) + **now** 지금, 이제 + ?

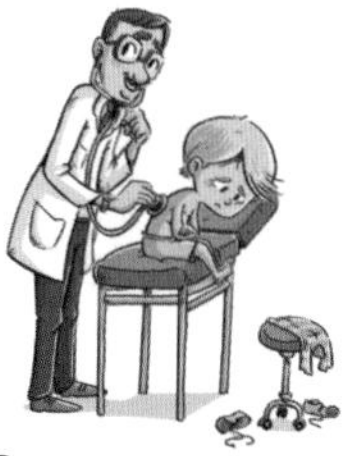

13 feeling 느끼고 있는 / sick 아픈 → Are you ________ ________ now?
지금 너 (어디) 아프니?

14 washing 씻고 있는 / hair 머리(털) → Are you ________ your ________ now?
지금 너는 머리를 감고 있니?

15 waiting 기다리고 있는 / bus 버스 → Are [ ] ________ for the ________ now?
지금 너 버스를 기다리고 있니?

16 going 가고 있는 / bed 침대 → [ ] [ ] ________ to ________ [ ]?
이제 너는 침대로 가는 중이니?

087

Read More》 큰 소리로 문장을 읽고, 알맞은 뜻의 기호를 써 보세요.

1. I enjoy late-night snacks. (　　) *late-night snack 야식
2. I don't like eating out. (　　)
3. Mike doesn't like waiting. (　　)
4. Are you reading a book now? (　　)

ⓐ 너는 지금 책을 읽고 있니?　ⓑ 나는 야식을 즐긴다.
ⓒ 마이크는 기다리는 것을 좋아하지 않는다.　ⓓ 나는 외식을 좋아하지 않는다.

5. I enjoy flying a drone. (　　) *drone 드론
6. Are you singing the song now? (　　)
7. I don't like going to the dentist. (　　)
8. Bruce doesn't like going out. (　　) *go out 외출하다

ⓔ 나는 치과에 가는 것을 좋아하지 않는다.　ⓕ 지금 너는 그 노래를 부르고 있는 거니?
ⓖ 브루스는 외출하는 것을 좋아하지 않는다.　ⓗ 나는 드론 조종을 즐긴다.

088

다음 이야기들을 먼저 읽고, 다시 들어 보세요.

Are you cooking now?
I don't like cooking.
I don't like washing the dishes.
I enjoy eating out.

B

Are you ***look**ing for Mike?
He doesn't like going **out**.
He is listening to music now.
He enjoys reading in bed.

*look for ~을 찾다

사이트워드

look 찾다, 보다	out 밖으로

Day 23 The brown cow is in a crowd.

그 갈색 소는 사람들 속에 있어요.

☑Check Point

• 문장 속 파닉스

o는 뒤에 오는 글자에 따라 장모음 o처럼 [오우] 소리 또는 다른 모음 소리로 발음돼요.

- [오우] o_e oa ow
- [오이] oi oy
- [아우] ou ow
- [우-] ou

• 문장 속 사이트워드

said	wants	last	night
말했다	원하다, ~하고 싶다	지난	밤

089

Read Words》 단어를 먼저 읽고, 듣고 다시 따라 읽어 보세요.

o_e [oʊ / 오우] home rode

oa [oʊ / 오우] boat coat soap coach float

ow [oʊ / 오우] bowl row grow slow snow

ou [uː / 우-] soup group

ou [aʊ / 아우] found house sound cloud

ow [aʊ / 아우] cow brown clown crown

oi [ɔɪ / 오이] oil boil coin join

oy [ɔɪ / 오이] boy toy

Read Phrases》 그림에 맞는 표현을 찾아 선으로 연결해 보세요.

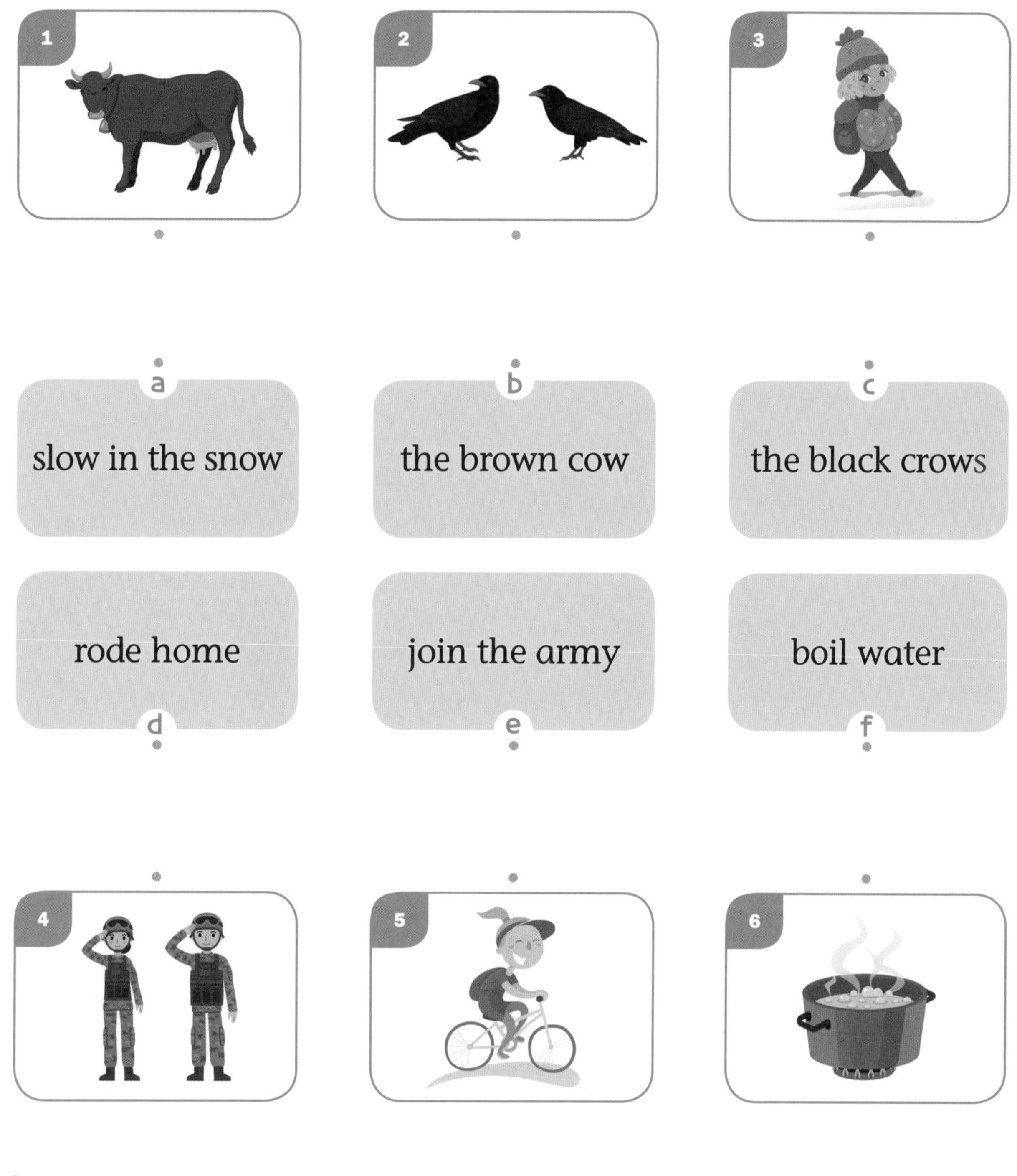

Words

cow 암소, 젖소 crows 까마귀들 rode (자전거, 차 등을) 탔다, 타고 갔다

join 가입[입대]하다 army 군대 boil 끓이다

Read Sentences》 빈칸에 단어를 순서대로 쓴 뒤 읽어 보세요.

090

누가 + **wants** 원하다, ~하고 싶다 + **to** + ~하다 + 무엇을

1. row 노[배]를 젓다 / boat 보트 → Roy wants to ______ a ______.
로이는 보트를 젓고 싶어 한다.

2. join 가입[입대]하다 / army 군대(육군) → Roy wants to ______ the ______.
로이는 입대하고 싶어 한다.

3. grow 기르다 / hair 머리카락 → Joan [ ] to ______ her ______.
조안은 머리를 기르고 싶어 한다.

4. boil 끓이다 / water 물 → Joan [ ] [ ] ______ ______.
조안은 물을 끓이고 싶어 한다.

The 그 + 사물/사람 + ~했다 + 어떻게/~로(장소) / 무엇을 + **last** 지난 **night** 밤

5. house 집 / down 아래로 → The ______ fell ______ last night.
그 집은 어젯밤에 무너졌다.

6. boy 소년 / sound 소리 → The ______ heard a ______ last night.
그 소년은 어젯밤에 어떤 소리를 들었다.

7. clown 광대 / home 집으로; 집 → [ ] ______ rode ______ [ ] night.
그 광대는 어젯밤에 집으로 차를 타고 갔다.

8. group 그룹 / Rome 로마 → [ ] ______ went to ______ [ ] [ ].
그 그룹은 어젯밤에 로마로 갔다.

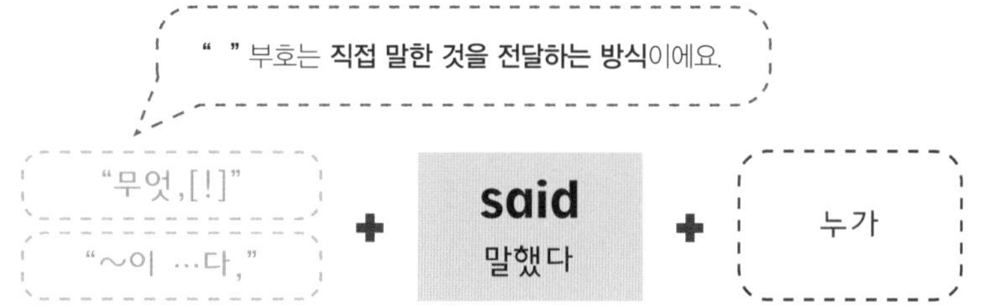

9 row coach → "Oh, back ______!" said the ______.
줄 코치 "오, 뒷줄!"이라고 코치가 말했다.

10 Ouch clown → "______," said the ______.
아야 광대 "아야."라고 광대가 말했다.

11 cow town → "The ______ is in the ______," [ ] Roy.
소 마을 "그 소는 마을에 있어."라고 로이가 말했다.

12 slow snow → "Go ______ in the ______," [ ] the boy.
천천히 눈 "눈 속에서는 천천히 가."라고 소년이 말했다.

13 brown crowd → His ______ cow is in the ______.
갈색(의) 사람들, 군중 그의 갈색 소는 사람들 속에 있다.

14 soup bowl → Your ______ [ ] [ ] the ______.
수프 그릇, 볼 네 수프는 그릇 안에 있다.

15 crows boat → The black ______ are in the ______.
까마귀들 보트, 배 검은 까마귀들이 배 안에 있다.

16 coins jar → My lost ______ [ ] [ ] the ______.
동전들 병, 항아리 나의 잃어버린 동전들이 그 병 안에 있다.

Read More》 큰 소리로 문장을 읽고, 알맞은 뜻의 기호를 써 보세요.

1. Roy wants to buy the coat. (   )
2. The boy found some coins last night. (   )
3. His crown is in the snow. (   )
4. "Your soap can float," said Joan. (   )

ⓐ "네 비누는 뜰 수 있어."라고 조안이 말했다. ⓑ 로이는 그 코트를 사고 싶어 한다.
ⓒ 그 소년은 어젯밤에 동전 몇 개를 발견했다. ⓓ 그의 왕관은 눈 속에 있다.

5. The coach went downtown last night. (   ) *downtown 시내로[에]
6. The oil is in the bowl. (   )
7. "This toy is for you," said Roy. (   )
8. Joan wants to wear her own coat. (   )

ⓔ 그 기름은 그릇 안에 있다. ⓕ "이 장난감은 너를 위한 거야."라고 로이가 말했다.
ⓖ 조안은 자기 코트를 입고 싶다. ⓗ 그 코치는 어젯밤 시내로 갔다.

STORY TIME

092

다음 이야기들을 먼저 읽고, 다시 들어 보세요.

Joan heard a sound last night.
"*Bow wow," barked the dog.
"Ouch," said the clown.
He ran **out of** the house.

*bow wow 멍멍

B

Roy wanted to eat *something.
He boiled some soup last night.
Mom gave **him** brown bread.
He had his soup in the bread bowl.

*something 어떤 것

사이트워드

out of	him
~ 밖으로	그에게

Day 24

Shall we go hiking this weekend?

이번 주말에 우리 하이킹 갈까?

✔Check Point

• **문장 속 규칙** 동사 뒤에 ing를 붙이는 경우 (2)

1) e로 끝나는 동사는 e를 빼고 + ing

예 dance + ing → dancing　　come + ing → coming

2) 〈단모음+단자음〉으로 끝나는 동사는 끝에 자음 하나를 더 써 주고 + ing

예 stop + ing → stopping　　sit + ing → sitting

• **문장 속 사이트워드**

who	what	go	this
누가	무엇을	가다	이번

093

Learn the Rule》 다음을 듣고, 빈칸에 〈동사+ing〉 표현을 써 보세요.

1 make → making
만들다 　만들기/만들고 있는

2 ride → ______
타다 　타기/타고 있는

3 have → ______
먹다 　먹기/먹고 있는

4 use → ______
사용하다 　사용하기/사용하고 있는

5 bake → ______
굽다 　굽기/굽고 있는

6 dance → ______
춤을 추다 　춤추기/춤을 추는

7 hike → ______
하이킹을 가다 　하이킹(하기)/하이킹 하는

8 hope → ______
바라다 　바라기/바라고 있는

9 run → running
달리다 　달리기/달리고 있는

10 swim → ______
수영하다 　수영하기/수영하고 있는

11 shop → ______
쇼핑하다 　쇼핑하기/쇼핑하고 있는

12 jog → ______
조깅하다 　조깅하기/조깅하고 있는

13 hum → ______
흥얼거리다 　흥얼거리기/흥얼거리고 있는

14 sit → ______
앉다 　앉기/앉아 있는

Read Phrases》 그림에 맞는 표현을 찾아 선으로 연결해 보세요.

1 

2 

3 

a go swimming

b for a bait

c a beef stew

d humming a tune

e sitting on the lawn

f this weekend

4 

5 

6 

Words

bait 미끼　beef 소고기　tune 곡조, 곡　lawn 잔디　weekend 주말

094

Read Sentences》 빈칸에 단어를 순서대로 쓴 뒤 읽어 보세요.

We're 우리는 ~이다 + ~하다 + ing (~하고 있는) + 무엇을 + **now** 지금

1. riding 타고 있는 / bikes 자전거 → We're ________ our ________ now.
   우리는 지금 자전거를 타고 있다.
2. having 먹고 있는 / stew 스튜 → We're ________ a beef ________ now.
   우리는 지금 소고기 스튜를 먹고 있다.
3. baking 굽고 있는 / cake 케이크 → We're ________ a ________ [   ].
   우리는 지금 케이크를 굽고 있다.
4. having 먹고 있는 / dinner 저녁 식사 → [   ] ________ a ________ [   ].
   우리는 지금 저녁을 먹고 있다

〈Who is + 동사-ing ~?〉는 **'누가 ~하고 있는 중인가요?'**라고 진행되고 있는 것을 묻는 표현이에요.

Who 누가 + **is** ~ 있다/이다 + ~하다 + ing (~하고 있는) + 언제/어디에서(서) / 무엇을 + **?**

5. running 뛰고 있는 / night 밤 → Who is ________ at ________?
   누가 밤에 뛰고 있지?
6. sitting 앉아 있는 / lawn 잔디(밭) → Who is ________ on the ________?
   누가 잔디밭에 앉아 있지?
7. swimming 수영하고 있는 / lake 호수 → [   ] is ________ in the ________?
   누가 호수에서 수영을 하고 있지?
8. humming 흥얼거리고 있는 / tune 곡, 곡조 → [   ] [   ] ________ the same ________?
   누가 같은 곡을 흥얼거리고 있지?

Shall we ~?는 **제안이나 조언할** 때 자주 쓰는 표현이에요.
〈go + 동사-ing〉는 '**~하러 가다**'라는 뜻이에요.

Shall	+	we	+	go	~하다 + ing	+	this	시간	+	?
~할까요		우리는		가다	(~하기)		이번			

9 hiking 하이킹(하기) week 주 → Shall we go ________ this ________?
우리 이번 주에 하이킹하러 갈까?

10 jogging 조깅하기 morning 아침 → Shall we go ________ ☐ ________?
우리 오늘 아침에 조깅하러 갈까?

11 shopping 쇼핑하기 Sunday 일요일 → ☐ we ☐ ________ this ________?
우리 이번 일요일에 쇼핑하러 갈까?

12 swimming 수영하기 weekend 주말 → ☐ ☐ go ________ ☐ ________?
우리 이번 주말에 수영하러 갈까?

〈What are you + 동사-ing ~?〉는 '**너는 무엇을 ~하고 있는 중이니?**'라고 묻는 표현이에요.

What	+	are	+	you	+	~하다 + ing	+	(어디에(서))	+	?
무엇을		~ 있다/이다		너는		(~하고 있는)				

13 hiding 숨기는 back 뒤 → What are you ________ in the ________?
너는 뒤에 무엇을 숨기고 있니?

14 making 만드는 yard 마당 → What are you ________ in the ________?
너는 마당에서 무엇을 만들고 있니?

15 using 사용하는 bait 미끼 → ☐ are you ________ for a ________?
너는 미끼로 뭘 쓰고 있니?

16 hoping 바라는 find 찾다 → ☐ ☐ ☐ ________ to ________?
너는 무엇을 찾고 싶은 거니?

095

Read More》 큰 소리로 문장을 읽고, 알맞은 뜻의 기호를 써 보세요.

1. We're winning the game now. (　　)
2. Who is sitting on the bench? (　　)
3. Shall we go dancing this Friday? (　　)
4. What are you putting on your face? (　　) *put on (얼굴 등에) ~을 바르다

ⓐ 얼굴에 뭐 바르고 있어요?　ⓑ 벤치에 누가 앉아 있나요?
ⓒ 우리 이번 금요일에 춤추러 갈까요?　ⓓ 우리가 지금 경기를 이기고 있다.

5. We're leaving home now. (　　)
6. Who is driving that car? (　　)
7. What are you hiding in the cave? (　　)
8. Shall we go skiing this weekend? (　　)

ⓔ 당신은 동굴에 뭘 숨기고 있나요?　ⓕ 우리 이번 주말에 스키 타러 갈까요?
ⓖ 우리는 지금 집을 떠나고 있다.　ⓗ 저 차는 누가 운전하고 있나요?

096

다음 이야기들을 먼저 읽고, 다시 들어 보세요.

What are you hiding in the back?

My worm baits!
Shall we go *fishing now?

Sounds great!

*fishing 낚시하기

B

What are you doing now?

*Nothing.
My mom **went** for shopping.

Shall we go jogging?

Sounds great!

*nothing 아무것도

sound	went
들리다	갔다

초등 영어를 결정하는 문장 읽기 with 파닉스

정답 》

Day 01 Dan has a red cap.
댄은 빨간 야구모자를 가지고 있어요.

Read Phrases» p.11

❶ ⓑ ❷ ⓐ ❸ ⓒ
❹ ⓕ ❺ ⓓ ❻ ⓔ

Read Sentences» p.12~13

❶ I get jam.
❷ I hug mom.
❸ I had fun.
❹ I pat a pig.
❺ Sid is sad.
❻ Ben is bad.
❼ Max is mad.
❽ Gus is fat.
❾ Ben has a big jet.
❿ Dan has a red cap.
⓫ Gus has a fat cat.
⓬ Max has a bad dog.
⓭ The wig was on the bed.
⓮ The bug was on the mat.
⓯ The pan was on the box.
⓰ The cat was on my lap.

Read More» p.14

❶ ⓓ ❷ ⓐ ❸ ⓒ ❹ ⓑ
❺ ⓕ ❻ ⓗ ❼ ⓔ ❽ ⓖ

STORY TIME p.15

Ⓐ 벤은 큰 가방을 하나 가지고 있어요.
그 애는 그 안에 빨간 야구모자도 가지고 있어요.
그 애는 그 안에 지도도 가지고 있어요.
그 애는 그 안에 펜 10자루를 가지고 있어요.

Ⓑ 나에게는 뚱뚱한 고양이 한 마리가 있었어요.
그 뚱뚱한 고양이는 매트 위에 있었죠.
그 고양이는 쥐 장난감을 하나 가지고 있었어요.
그 쥐는 고양이 위에 있었죠.

Day 02 My dad's pen was in my bag.
우리 아빠의 펜이 내 가방 안에 있었어요.

Learn the Rule» p.16

❶ mom's ❷ Ben's ❸ dad's
❹ Ted's ❺ the kid's ❻ the fox's
❼ my ❽ your ❾ his ❿ her

Read Phrases» p.17

❶ ⓒ ❷ ⓐ ❸ ⓑ
❹ ⓕ ❺ ⓔ ❻ ⓓ

Read Sentences» p.18~19

❶ Tom's cup was hot.
❷ Ted's bed was big.
❸ Jim's jet was red.
❹ Pip's son was wet.
❺ I hug my dad.
❻ Jim hit my car.
❼ Ben met my mom.
❽ Kim hid my pen.
❾ Bob's dog was in the tub.
❿ Pam's pig was in the mud.
⓫ Mag's pin was in my red pan.
⓬ Min's pot was in my box.
⓭ I nap with my pet.
⓮ Tim ran with my cat.
⓯ I ski with Ben.
⓰ I get on the bus with Ben.

Read More » p.20

① ⓑ ② ⓓ ③ ⓐ ④ ⓒ
⑤ ⓕ ⑥ ⓗ ⑦ ⓖ ⑧ ⓔ

STORY TIME p.21

Ⓐ 이것은 팀의 상자였어요.
고양이 한 마리가 그 안에 있었죠.
모자 하나가 그 안에 있었어요.
팀의 고양이가 그 모자 안에 있었죠.

Ⓑ 나는 큰 개가 한 마리 있어요.
그 개는 맥스예요.
나는 내 개와 같이 뛰어요.
우리는 햇볕을 쬐며 재미있게 놀아요.

Day 03 There is a duck on the deck.
갑판 위에 오리 한 마리가 있어요.

Read Phrases » p.23

① ⓑ ② ⓐ ③ ⓒ
④ ⓕ ⑤ ⓓ ⑥ ⓔ

Read Sentences » p.24~25

① I had a bad luck.
② I lack a black sock.
③ My van hit a rock.
④ The jug had a crack.
⑤ Don't lock the door.
⑥ Don't lick my hand!
⑦ Don't kick the rock.
⑧ Don't peck my back!
⑨ He will pack his bag.
⑩ Jack will hug his neck.
⑪ The duck will pick his hat.
⑫ My dad will have his truck.
⑬ There is a cup in the rack.
⑭ There is a lock in his sack.
⑮ There is a duck on the deck.
⑯ There is a black stick on his bag.

Read More » p.26

① ⓒ ② ⓐ ③ ⓓ ④ ⓑ
⑤ ⓖ ⑥ ⓔ ⑦ ⓗ ⑧ ⓕ

STORY TIME p.27

Ⓐ 똑똑.
거기 누구예요?
오리.
오리 누구?
빨리 숨어!

Ⓑ 잭은 검은색 트럭을 가지고 있었어요.
어느 날 그의 트럭이 커다란 바위와 부딪혔어요.
그의 트럭은 진흙에 갇혔죠.
그는 너무 슬펐어요.
그는 운이 나빴어요!

Day 04 Min runs in the sun.
민이는 햇살을 받으며 달려요.

Learn the Rule » p.28

① digs ② hugs ③ nags
④ hops ⑤ runs ⑥ wins
⑦ gets ⑧ fits ⑨ hits
⑩ sets ⑪ cuts ⑫ kicks

Read Phrases » p.29

① ⓑ ② ⓒ ③ ⓐ
④ ⓔ ⑤ ⓕ ⑥ ⓓ

Read Sentences》 p.30~31

1. He picks her stick.
2. He pats her dog.
3. She hugs her son.
4. She gets her way.
5. My dad jogs a lot.
6. My mom nags a lot.
7. His dog digs a lot.
8. Her sick cat naps a lot.
9. The pig licks my cup.
10. The man packs a big sack.
11. The dog hops on his son.
12. Tom sits on Ted's bed.
13. Bob gets on the bus.
14. Mag fits in her red dress.
15. Min runs in the sun.
16. The kid hits a ball with a bat.

Read More》 p.32

1. ⓓ 2. ⓐ 3. ⓑ 4. ⓒ
5. ⓗ 6. ⓔ 7. ⓖ 8. ⓕ

STORY TIME p.33

Ⓐ 내 고양이가 빨간색 야구모자를 선택해요.
고양이는 매트 위에 앉아 있어요.
그것은 자기 다리를 핥아요.
고양이는 햇볕 아래에서 낮잠을 자요.

Ⓑ 메그의 엄마가 점심을 싸요.
엄마는 벤치 위에 앉아 있어요.
아빠는 공을 차요.
메그는 그녀의 개와 함께 달려요.

Day 05 They run fast on hot sand.

그들은 뜨거운 모래 위에서 빨리 달려요.

Read Phrases》 p.35

1. ⓐ 2. ⓒ 3. ⓑ
4. ⓓ 5. ⓕ 6. ⓔ

Read Sentences》 p.36~37

1. They run and jump.
2. They go home and rest.
3. They got up and left.
4. They bend and lift.
5. It can melt ice.
6. I can hold your hand.
7. They can hunt a fox.
8. I can feed milk to my cat.
9. He jumps on hot sand.
10. He went in his hot tub.
11. She felt sick in the bus.
12. She left with flowers in her hand.
13. This milk is best.
14. This silk is soft.
15. This belt is a gift.
16. This room is damp.

Read More》 p.38

1. ⓑ 2. ⓐ 3. ⓓ 4. ⓒ
5. ⓕ 6. ⓖ 7. ⓔ 8. ⓗ

STORY TIME p.39

Ⓐ "캠핑 가자!" 아빠가 소리쳐요.
아빠는 밴을 운전할 수 있어요.
엄마와 나는 밴 안에 뛰어 들어가죠.
우리는 아주 행복해요.

Ⓑ 나는 오늘 피곤했어요.
나는 집에 가서 쉬었죠.
나는 뜨거운 욕조 안에 들어갔어요.
민트 우유는 최고였죠!

Day 06 He saw some brown bricks.
그는 갈색 벽돌을 몇 개 봤어요.

Learn the Rule》 p.40

1 blocks 2 clouds 3 flags
4 plums 5 planes 6 sleds
7 bricks 8 crabs 9 drums
10 frogs 11 grapes 12 trains
13 snakes 14 swans 15 swings

Read Phrases》 p.41

1 ⓑ 2 ⓒ 3 ⓐ
4 ⓔ 5 ⓕ 6 ⓓ

Read Sentences》 .... p.42~43

1 I saw some green frogs.
2 We saw some blue flags.
3 He saw some brown bricks.
4 She saw some black swans.
5 The drums are broken.
6 The grapes are fresh.
7 The clams are frozen.
8 The gloves are free.
9 Where is my blue dress?
10 Where is my brown brush?
11 Where are my dried plums?
12 Where are my new gloves?
13 Will you play the drum?
14 Will you fly a plane?
15 Will you try this game?
16 Will you drink a glass of milk?

Read More》 p.44

1 ⓓ 2 ⓒ 3 ⓐ 4 ⓑ
5 ⓗ 6 ⓕ 7 ⓔ 8 ⓖ

STORY TIME p.45

Ⓐ 마이크는 파란색 블록들을 가지고 있어요.
그는 파란색 썰매를 타요.
그의 장갑 역시 파란색이에요.
그는 파란색을 좋아해요.

Ⓑ 메리는 풀밭에서 뱀을 봤어요.
그녀는 연못에서 개구리를 몇 마리 봤어요.
그녀의 드럼은 부서져 있었어요.
그녀는 악몽을 꿨어요!

Day 07 Can you wash the dishes?
당신은 설거지를 할 수 있나요?

Read Phrases》 p.47

1 ⓐ 2 ⓒ 3 ⓑ
4 ⓕ 5 ⓓ 6 ⓔ

Read Sentences》 .... p.48~49

1 Dan had fish and chips today.
2 Bob had a hot bath today.
3 Sam had a big lunch today.
4 They had a long chat today.
5 I think the king is rich.
6 I think the girl is thin.
7 I think the meat is tough.
8 I think the cloth is rough.

9 I like to take a photo.
10 I like to brush my teeth.
11 Can you take out the trash?
12 Can you shut the door?
13 Can you wash the dishes?
14 I wish you the best.
15 I thank you all.

Read More》 p.50

1 ⓑ 2 ⓒ 3 ⓓ 4 ⓐ
5 ⓗ 6 ⓖ 7 ⓔ 8 ⓕ

STORY TIME p.51

A 나는 엄마를 돕는 걸 좋아해요.
나는 쓰레기를 내다 버릴 수 있어요.
나는 욕조에서 개를 씻길 수 있어요.
나는 식료품을 살 수도 있죠.

B 베스는 오늘 좋은 하루를 보냈어요.
그녀는 오늘 해변에 갔어요.
바다가 오늘은 거칠었죠.
그녀는 조개껍데기들을 몇 개 주웠어요.
그녀는 상어를 봤어요.

Day 08 There wasn't a frog in the pond.
연못에는 개구리가 없었어요.

Learn the Rule》 p.52

1 isn't 2 isn't 3 isn't
4 aren't 5 aren't 6 aren't
7 wasn't 8 wasn't 9 wasn't
10 wasn't

Read Phrases》 p.53

1 ⓒ 2 ⓐ 3 ⓑ
4 ⓔ 5 ⓓ 6 ⓕ

Read Sentences》 p.54~55

1 The milk isn't fresh.
2 This place isn't safe.
3 This stone isn't small.
4 My skin isn't great.
5 My name wasn't on the list.
6 Ben's gift wasn't on the desk.
7 There isn't a snake in the grass.
8 There isn't a ghost in the house.
9 Who put a fish in the pond?
10 Who put the dishes in the sink?
11 Who put gas in his car?
12 Who put the food in my lunch box?
13 Its smell wasn't so bad.
14 Its skin wasn't so rough.
15 Its neck wasn't so thin.
16 Its spot wasn't so black.

Read More》 p.56

1 ⓓ 2 ⓐ 3 ⓒ 4 ⓑ
5 ⓕ 6 ⓖ 7 ⓗ 8 ⓔ

STORY TIME p.57

A 내 반려동물은 내 방에 있지 않아요.
그것은 그렇게 크지 않아요.
여기 있네요!
누가 욕조에 반려동물을 넣었을까요?
그것의 냄새가 아주 향긋하네요.

B 빌은 소풍을 갔어요.
바람이 그렇게 강하지는 않았어요.
그 애는 버스 타는 데 늦지 않았어요.
그 애의 도시락통은 작지 않았죠.
와! 누가 그의 가방에 간식들을 넣었을까요?

Day 09 When will you ride the bike?
당신은 언제 자전거를 탈 건가요?

Read Phrases》 p.59

1 ⓑ 2 ⓒ 3 ⓐ
4 ⓕ 5 ⓓ 6 ⓔ

Read Sentences》 .... p.60~61

1 Jane ate the cake.
2 Mike made the cape.
3 Kate rode the bike.
4 Luke wrote the date.
5 Did you wash your face?
6 Did you hide the rope?
7 Did you use my skates?
8 Did you make a joke?
9 This lake is very wide.
10 Her face is very cute.
11 His wife is very late.
12 This place is very safe.
13 When will you bake a cake?
14 When will you take a plane?
15 When will you ride the bike?
16 When will you wipe your nose?

Read More》 p.62

1 ⓓ 2 ⓐ 3 ⓑ 4 ⓒ
5 ⓕ 6 ⓗ 7 ⓔ 8 ⓖ

STORY TIME p.63

Ⓐ 제이크는 5살이에요.
그 애는 엄마와 같이 망토를 만들었어요.
그의 망토는 아주 귀여워요.
제이크, 넌 언제 하늘로 날아갈 거니?

Ⓑ 케이트는 케이크를 아주 좋아해요.
그녀는 케이크를 만들었어요.
그녀는 그 케이크를 전부 다 먹었어요!
케이트, 넌 언제 얼굴을 씻을 거니?

Day 10 She doesn't make a face.
그녀는 얼굴을 찌푸리지 않아요.

Learn the Rule》 p.64

1 don't 2 don't 3 don't 4 don't
5 doesn't 6 doesn't 7 doesn't 8 doesn't

Read Phrases》 p.65

1 ⓑ 2 ⓒ 3 ⓐ
4 ⓕ 5 ⓓ 6 ⓔ

Read Sentences》 .... p.66~67

1 Five birds are in the cage.
2 Five balls are in the hole.
3 Nine cats are in the cave.
4 Nine roses are in the vase.
5 I don't hide my face.
6 I don't write a note.
7 We don't close the gate.
8 We don't hate the game.
9 He doesn't drive a car.
10 He doesn't like the rules.
11 She doesn't make a joke.
12 She doesn't make a face.
13 It's time to make a start.
14 It's time to take a nap.
15 It's time to make a bed.
16 It's time to go home.

Read More p.68

① ⓑ ② ⓐ ③ ⓓ ④ ⓒ
⑤ ⓗ ⑥ ⓔ ⑦ ⓖ ⑧ ⓕ

STORY TIME p.69

Ⓐ 고양이 다섯 마리가 동굴 안에 있어요.
그들은 숨지 않아요.
그들은 물지도 않죠.
그 고양이들에게 먹이를 줄 시간이에요.

Ⓑ 내 남동생은 일찍 일어나지 않아요.
그 애는 시간이 없어요.
하지만 그 애는 뛰지 않죠.
학교에 갈 시간이네요!

Day 11 I see four horses in the farm.
나는 농장에서 말 네 마리를 봐요.

Read Phrases p.71

① ⓑ ② ⓐ ③ ⓒ
④ ⓕ ⑤ ⓔ ⑥ ⓓ

Read Sentences p.72~73

① Her hair is short.
② Her shirt is torn.
③ This fork is silver.
④ This horn is hard.
⑤ This yard is dirty.
⑥ That jar is for the girl.
⑦ That pork is for the hunter.
⑧ That corn is for the farmer.
⑨ I see four birds in the air.
⑩ I see four sharks in the water.
⑪ I see four horses in the farm.
⑫ I see four fish in the river.
⑬ He doesn't park the car.
⑭ She doesn't burn the torch.
⑮ Her card doesn't work at the shop.
⑯ My dog doesn't bark in the dark.

Read More p.74

① ⓑ ② ⓓ ③ ⓐ ④ ⓒ
⑤ ⓖ ⑥ ⓔ ⑦ ⓗ ⑧ ⓕ

STORY TIME p.75

Ⓐ 농장에 말이 한 마리 보여요.
옥수수 수레도 네 대가 보이네요.
말은 옥수수를 먹지 않아요.
그 옥수수는 새들을 위한 거죠.
새들은 옥수수 먹는 것을 아주 좋아해요.

Ⓑ 버트는 헛간에 있어요.
그곳은 농장에서 아주 어둡죠.
그는 하늘에 있는 수많은 별을 봐요.
그 별들은 아주 아름다워요.

Day 12 We all needed cold water.
우리는 모두 차가운 물이 필요했어요.

Learn the Rule p.76

① played ② turned ③ prayed
④ helped ⑤ fixed ⑥ kicked
⑦ worked ⑧ laughed ⑨ wanted
⑩ needed ⑪ hunted

Read Phrases p.77

① ⓒ ② ⓐ ③ ⓑ
④ ⓓ ⑤ ⓕ ⑥ ⓔ

Read Sentences》 p.78~79

1. I played with the kids.
2. He hunted with his dogs.
3. He laughed with his wife.
4. We worked with the farmers.
5. He fixed his car again.
6. He washed his arms again.
7. He helped the doctor again.
8. He kicked the door again.
9. She wanted to sing more.
10. She wanted to work hard.
11. She wanted to play the game.
12. She wanted to open a store.
13. We all needed some rest.
14. We all needed cold water.
15. We all needed a warm bed.
16. We all needed a hot bath.

Read More》 p.80

1. ⓑ 2. ⓒ 3. ⓓ 4. ⓐ
5. ⓖ 6. ⓗ 7. ⓔ 8. ⓕ

STORY TIME p.81

Ⓐ 우리는 공원에서 놀았어요.
우리는 기뻐서 웃었죠.
우리는 더 놀고 싶었어요.
우리는 모두 휴식이 좀 필요했어요.

Ⓑ 아빠는 의자를 몇 개 고치고 싶어 했어요.
나는 아빠와 그 의자들을 고쳤어요.
엄마는 우리를 위해 점심을 만들었어요.
점심을 먹은 후에 나는 아빠를 다시 도왔어요.

Day 13 Spread jam on the bread.
빵에 잼을 펴 발라라.

Read Phrases》 p.83

1. ⓒ 2. ⓐ 3. ⓑ
4. ⓕ 5. ⓓ 6. ⓔ

Read Sentences》 p.84~85

1. This is a strong spring.
2. This is a strange straw.
3. That is a stray cat.
4. That is a slow snail.
5. Scrub the stain.
6. Stretch your arms.
7. Scratch my back.
8. Spread jam on the bread.
9. Try to scroll down.
10. Try to throw fast.
11. Try to turn the screws.
12. Try to thread beads onto a string.
13. Spring will come soon.
14. The water will splash a bit.
15. You will hurt your throat.
16. I will scratch your back.

Read More》 p.86

1. ⓓ 2. ⓑ 3. ⓐ 4. ⓒ
5. ⓖ 6. ⓔ 7. ⓗ 8. ⓕ

STORY TIME p.87

Ⓐ 저건 길 잃은 고양이예요.
그 고양이가 당신을 할퀼 거예요.
고양이의 등을 천천히 긁으려고 해 보세요.
그 고양이가 당신을 좋아할 거예요.

Ⓑ 화면에 나온 별들을 보려고 해 봐요.
팔과 다리를 뻗어요.
빵에 잼을 펴 발라요.
이것이 당신의 스트레스를 날려 버릴 거예요.

Day 14 He smiled and waved back.
그는 웃으면서 손을 흔들었어요.

Learn the Rule》 p.88

① baked ② cared ③ closed
④ hoped ⑤ liked ⑥ lived
⑦ loved ⑧ moved ⑨ saved
⑩ smiled ⑪ used ⑫ waved

Read Phrases》 p.89

① ⓑ ② ⓒ ③ ⓐ
④ ⓔ ⑤ ⓕ ⑥ ⓓ

Read Sentences》 p.90~91

① I baked a cake yesterday.
② He saved my life yesterday.
③ She closed the door yesterday.
④ They used the car yesterday.
⑤ He smiled and waved back.
⑥ She sat and closed her eyes.
⑦ They loved and cared for us.
⑧ They left and moved to New York.
⑨ I hope you break the spell.
⑩ I hope we buy the cake.
⑪ I hope my dad cooks dinner.
⑫ I hope the swan stops there.
⑬ We liked to look at stars.
⑭ We liked to play on the swing.
⑮ They hoped to win the prize.
⑯ They hoped to fly in space.

Read More》 p.92

① ⓑ ② ⓐ ③ ⓓ ④ ⓒ
⑤ ⓕ ⑥ ⓖ ⑦ ⓔ ⑧ ⓗ

STORY TIME p.93

Ⓐ 린은 파티 여는 것을 좋아했어요.
그녀는 어제 생일 케이크를 구웠어요.
성대한 파티는 끝났죠.
그녀는 앉아서 눈을 감았어요.

Ⓑ 아빠와 나는 별 보는 것을 아주 좋아했어요.
우리는 누워서 별들을 봤죠.
아빠는 미소 지었고 나도 웃으며 바라봤어요.
나는 우주에서 날기를 바라요.

Day 15 When will you ride the bike?
당신은 언제 자전거를 탈 건가요?

Read Phrases》 p.95

① ⓒ ② ⓑ ③ ⓐ
④ ⓕ ⑤ ⓓ ⑥ ⓔ

Read Sentences》 p.96~97

① The knot is very tight.
② The knife is very sharp.
③ The knight is very brave.
④ The light is very bright.
⑤ We often knock the door.
⑥ We often listen to music.
⑦ We often write our name.
⑧ We often walk in the park.
⑨ You should climb the tree.

⑩ You should know his name.
⑪ You should watch your mouth.
⑫ You should fasten the seat belt.
⑬ Can you wrap this gift?
⑭ Can you fix this knob?
⑮ Can you turn off the light?
⑯ Can you comb my hair?

Read More》 p.98

❶ ⓑ ❷ ⓒ ❸ ⓓ ❹ ⓐ
❺ ⓗ ❻ ⓕ ❼ ⓔ ❽ ⓖ

STORY TIME p.99

Ⓐ 밤은 아주 길어요.
달은 아주 밝고요.
나는 밤에 종종 걸어요.
나는 밤의 소리를 들을 수 있어요.

Ⓑ 빵을 자를 수 있나요?
우리는 종종 칼을 사용해요.
칼은 아주 날카롭죠.
조심해야 해요.

Day 16 I think we're so smart.

나는 우리가 아주 영리하다고 생각해요.

Learn the Rule》 p.100

❶ I'm ❷ You're ❸ We're
❹ They're ❺ He's ❻ She's
❼ It's ❽ I'll ❾ We'll
❿ They'll ⓫ He'll ⓬ She'll ⓭ It'll

Read Phrases》 p.101

❶ ⓑ ❷ ⓒ ❸ ⓐ
❹ ⓕ ❺ ⓓ ❻ ⓔ

Read Sentences》 p.102~103

❶ It's a new knife.
❷ It's a good comb.
❸ It's a huge tomb.
❹ It's a wrong number.
❺ He doesn't talk about his knees.
❻ He doesn't write about ghosts.
❼ She doesn't care about school.
❽ She doesn't know about the knight.
❾ He'll be back.
❿ She'll be right.
⓫ It'll be fine.
⓬ We'll be late.
⓭ I think he's a great king.
⓮ I think he's the best actor.
⓯ I think we're all set.
⓰ I think we're so smart.

Read More》 p.104

❶ ⓓ ❷ ⓐ ❸ ⓑ ❹ ⓒ
❺ ⓔ ❻ ⓖ ❼ ⓗ ❽ ⓕ

STORY TIME p.105

Ⓐ 메리 이모는 작가예요.
이모는 전쟁에 관한 글을 쓰지 않아요.
내 생각에 이모는 좋은 작가예요.
지금 이모는 뉴욕에 있어요.
곧 돌아올 거예요.

Ⓑ 나는 어제 TV 프로그램을 봤어요.
버트는 신예 스타예요.
그는 의상에 신경 쓰지 않아요.
나는 그가 최고의 배우라고 생각해요.

Day 17 Ray waited at the gate today.
레이는 오늘 정문에서 기다렸어요.

Read Phrases》 p.107

1 ⓒ 2 ⓐ 3 ⓑ
4 ⓔ 5 ⓓ 6 ⓕ

Read Sentences》 p.108~109

1 Kate will take the train.
2 Gail will bake a cake.
3 Jay will paint a face.
4 Dave will wait in the rain.
5 The day is gray.
6 Its tail is so short.
7 The mails are lost.
8 Her nails are so cute.
9 Jay fell in the hay today.
10 Jake came late today.
11 Gail sailed for Spain today.
12 Rail waited at the gate today.
13 May I stay here?
14 May I say goodbye?
15 May I take your order?
16 May I pay by credit card?

Read More》 p.110

1 ⓒ 2 ⓑ 3 ⓓ 4 ⓐ
5 ⓕ 6 ⓔ 7 ⓖ 8 ⓗ

STORY TIME p.111

Ⓐ 제인과 제이는 오늘 밖에서 놀았어요.
날은 아주 흐렸죠.
그들은 빗속에서 놀았어요.
그들은 건초 속에서 미로를 만들었어요.

Ⓑ 케이트가 우리에게 작별 인사를 했어요.
그녀는 버스를 기다리고 또 기다렸어요.
버스가 아주 늦게 왔어요.
내일 그녀는 기차를 탈 거예요.

Day 18 It will be windy and rainy.
바람이 불고 비가 올 거예요.

Learn the Rule》 p.112

1 windy 2 rainy 3 cloudy
4 stormy 5 sunny 6 foggy
7 hilly 8 funny 9 muddy
10 handy

Read Phrases》 p.113

1 ⓒ 2 ⓑ 3 ⓐ
4 ⓔ 5 ⓕ 6 ⓓ

Read Sentences》 p.114~115

1 It's windy and cloudy outside.
2 It's sunny and warm outside.
3 It's rainy and cool outside.
4 It's chilly and foggy outside.
5 Today will be rainy.
6 Tonight will be cloudy.
7 Tomorrow will be sunny.
8 Tomorrow night will be stormy.
9 The bunny is funny.
10 The city is hilly.
11 The lobby is stuffy.
12 The girl is handy.
13 Penny had milky tea.
14 Jenny had yummy food.
15 Kenny had muddy boots.
16 Danny had a lucky dream.

Read More》 ······ p.116

❶ ⓑ ❷ ⓓ ❸ ⓐ ❹ ⓒ
❺ ⓖ ❻ ⓔ ❼ ⓕ ❽ ⓗ

STORY TIME ······ p.117

Ⓐ 우리 가족은 맑은 날을 아주 좋아해요.
맑은 날 우리는 산책하러 나가요.
지금 밖에는 바람이 불고 비가 와요.
하지만 내일은 맑을 거예요!

Ⓑ 올겨울은 춥고 눈이 많이 와요.
지미는 콧물을 흘려요.
하지만 지미는 추운 날 스케이트 타는 것을
아주 좋아해요.
그 애는 또 따뜻한 레몬 차도 즐겨요.

Day 19 We need some sweet pies.
우리는 달콤한 파이가 좀 필요해요.

Read Phrases》 ······ p.119

❶ ⓑ ❷ ⓒ ❸ ⓐ
❹ ⓔ ❺ ⓕ ❻ ⓓ

Read Sentences》 ······ p.120~121

❶ The sea is very deep.
❷ The food is very cheap.
❸ The street is very clean.
❹ The cream is very sweet.
❺ I can't peel the beet.
❻ I can't feed the sheep.
❼ I can't scream in a dream.
❽ I can't speak during a meal.
❾ I need some peach seeds.
❿ We need some sweet pies.
⓫ You need some free time.
⓬ They need some green tea.
⓭ It's hard to fall asleep.
⓮ It's hard to keep the team.
⓯ It's hard to eat a meal.
⓰ It's hard to read this page.

Read More》 ······ p.122

❶ ⓑ ❷ ⓐ ❸ ⓓ ❹ ⓒ
❺ ⓕ ❻ ⓔ ❼ ⓗ ❽ ⓖ

STORY TIME ······ p.123

Ⓐ 나는 아주 피곤해요.
잠드는 것이 어렵네요.
나는 꿈에서는 소리를 지를 수 없어요.
나는 자유 시간이 좀 필요해요.

Ⓑ 나는 목이 지금 아주 아파요.
식사를 하기가 힘들어요.
나는 말을 많이 할 수가 없어요.
나는 잠을 좀 자야 해요.

Day 20 He never washes his car.
그는 자기 차를 절대 세차하지 않아요.

Learn the Rule》 ······ p.124

❶ goes ❷ catches ❸ misses
❹ fixes ❺ dishes ❻ boxes
❼ dresses ❽ peaches ❾ tries
❿ hurries ⓫ stories ⓬ cherries

Read Phrases》 p.125

❶ ⓒ ❷ ⓐ ❸ ⓑ
❹ ⓕ ❺ ⓓ ❻ ⓔ

Read Sentences》 p.126~127

❶ Jenny studies hard.
❷ Time passes quickly.
❸ The early bird catches the worm.
❹ The cat tries to catch a mouse.
❺ He never washes his car.
❻ He never watches the news.
❼ He never fixes the house.
❽ He never misses a clue.
❾ She goes to work at eight.
❿ She goes to bed at ten.
⓫ She goes to the park with her sisters.
⓬ She goes to the cinema with her friends.
⓭ The cherries were sweet.
⓮ The boxes were heavy.
⓯ The dishes were clean.
⓰ The stories were funny.

Read More》 p.128

❶ ⓑ ❷ ⓓ ❸ ⓐ ❹ ⓒ
❺ ⓖ ❻ ⓗ ❼ ⓔ ❽ ⓕ

STORY TIME p.129

Ⓐ 제인은 최선을 다해요.
그 애는 열심히 공부해요.
수업도 전혀 빠지지 않아요.
그 애는 모든 순간을 사랑하죠.

Ⓑ 자연은 결코 서두르지 않아요.
하지만 항상 제때에 와 있죠.
자연은 절대로 이야기를 멈추지 않아요.
우리는 자연의 이야기들에 귀 기울여야 해요.

Day 21 The screw was loose.
나사가 풀렸어요.

Read Phrases》 p.131

❶ ⓑ ❷ ⓐ ❸ ⓒ
❹ ⓔ ❺ ⓕ ❻ ⓓ

Read Sentences》 p.132~133

❶ Don't chew bubble gum.
❷ Don't tie your hair.
❸ Don't leave a clue.
❹ Don't fight tonight.
❺ This coat is too tight.
❻ This stew is too hot.
❼ The screw is too loose.
❽ The price is too high.
❾ Who drew this pool?
❿ Who threw that glue?
⓫ Who blew his nose?
⓬ Who knew the duke?
⓭ The tide must be high.
⓮ The room must be full.
⓯ The news must be great!
⓰ The people must be new here.

Read More》 p.134

❶ ⓓ ❷ ⓐ ❸ ⓑ ❹ ⓒ
❺ ⓖ ❻ ⓗ ❼ ⓔ ❽ ⓕ

STORY TIME p.135

A 달이 아주 밝아요.
조류가 분명히 높을 거예요.
이건 아주 좋은 소식이 틀림없죠!
오늘 밤 서핑하러 가요!

B 누가 이 파티를 연 거야?
이 드레스는 너무 꽉 끼어.
음악은 너무 시끄러워.
방은 분명히 사람들로 가득할 거야.
나는 이 파티 마음에 안 들어.

Day 22 I don't like washing the dishes.

나는 설거지하는 것을 좋아하지 않아요.

Learn the Rule》 p.136

1 going 2 playing 3 drawing
4 sleeping 5 watching 6 washing
7 feeling 8 waiting 9 doing
10 eating 11 reading 12 walking
13 working 14 singing

Read Phrases》 p.137

1 ⓒ 2 ⓐ 3 ⓑ
4 ⓔ 5 ⓕ 6 ⓓ

Read Sentences》 p.138~139

1 I enjoy drawing faces.
2 I enjoy playing sports.
3 I enjoy watching birds.
4 I enjoy eating sandwiches.
5 I don't like doing homework.
6 I don't like washing the dishes.
7 I don't like reading in bed.
8 I don't like working so late.
9 Mike doesn't like fruit juice.
10 Luke doesn't like dried food.
11 Bruce doesn't like walking a dog.
12 Sue doesn't like sleeping alone.
13 Are you feeling sick now?
14 Are you washing your hair now?
15 Are you waiting for the bus now?
16 Are you going to bed now?

Read More》 p.140

1 ⓑ 2 ⓓ 3 ⓒ 4 ⓐ
5 ⓗ 6 ⓕ 7 ⓔ 8 ⓖ

STORY TIME p.141

A 지금 요리하고 있나요?
나는 요리하는 것을 좋아하지 않아요.
나는 설거지하는 것도 좋아하지 않죠.
나는 외식하는 걸 즐겨요.

B 마이크를 찾고 있나요?
그 애는 외출하는 걸 좋아하지 않아요.
그 애는 지금 음악을 듣고 있어요.
그 애는 침대에서 책 읽는 것을 즐겨요.

Day 23 The brown cow is in a crowd.

그 갈색 소는 사람들 속에 있어요.

Read Phrases》 p.143

1 ⓑ 2 ⓒ 3 ⓐ
4 ⓔ 5 ⓓ 6 ⓕ

Read Sentences》 p.144~145

1 Roy wants to row a boat.
2 Roy wants to join the army.

3 Joan wants to grow her hair.
4 Joan wants to boil water.
5 The house fell down last night.
6 The boy heard a sound last night.
7 The clown rode home last night.
8 The group went to Rome last night.
9 "Oh, back row!" said the coach.
10 "Ouch," said the clown.
11 "The cow is in the town," said Roy.
12 "Go slow in the snow," said the boy.
13 His brown cow is in the crowd.
14 Your soup is in the bowl.
15 The black crows are in the boat.
16 My lost coins are in the jar.

Read More》 ········ p.146

1 ⓑ 2 ⓒ 3 ⓓ 4 ⓐ
5 ⓗ 6 ⓔ 7 ⓕ 8 ⓖ

STORY TIME ········ p.147

A 조안은 어젯밤에 어떤 소리를 들었어요.
"멍멍." 하고 그 개가 짖었어요.
"아야."라고 광대가 말했어요.
그는 집 밖으로 달아났어요.

B 로이는 뭔가 먹고 싶었어요.
그는 어젯밤에 수프를 좀 끓였어요.
엄마가 로이에게 갈색 빵을 줬어요.
그는 그 빵 그릇에다가 자기 수프를 먹었어요.

Day 24 Shall we go hiking this weekend?

이번 주말에 우리 하이킹 갈까?

Learn the Rule》 ········ p.148

1 making 2 riding 3 having
4 using 5 baking 6 dancing
7 hiking 8 hoping 9 running
10 swimming 11 shopping 12 jogging
13 humming 14 sitting

Read Phrases》 ········ p.149

1 ⓑ 2 ⓐ 3 ⓒ
4 ⓕ 5 ⓓ 6 ⓔ

Read Sentences》 ········ p.150~151

1 We're riding our bikes now.
2 We're having a beef stew now.
3 We're baking a cake now.
4 We're having a dinner now.
5 Who is running at night?
6 Who is sitting on the lawn?
7 Who is swimming in the lake?
8 Who is humming the same tune?
9 Shall we go hiking this week?
10 Shall we go jogging this morning?
11 Shall we go shopping this Sunday?
12 Shall we go swimming this weekend?
13 What are you hiding in the back?
14 What are you making in the yard?
15 What are you using for a bait?
16 What are you hoping to find?

Read More》 ········ p.152

1 ⓓ 2 ⓑ 3 ⓒ 4 ⓐ
5 ⓖ 6 ⓗ 7 ⓔ 8 ⓕ

STORY TIME ········ p.153

A 뒤에 뭘 숨기고 있는 거야?
미끼로 쓸 벌레들!

지금 우리 낚시하러 갈래?

좋아!

B 지금 뭐 하고 있는 중이야?

아무것도. 엄마가 쇼핑하러 나가셨어.

우리 조깅하러 갈래?

좋아!

MEMO